شَجَرَةُ اللَّيْمُون

عِنْدَمَا لايَمُوتُ الحُبُّ

شَوْقٌ فَوَلَهٌ فَلِقَاءٌ فَعِشْق
في ظِلَالِ زَهْرِ اللَّيْمُون

الرِّوايةُ الأُولى والأَخيرة بقَلم الحَاجُّ البُروفِّيسور
حسَّان الحمويّ

مَرْوِيَّةٌ واقعيَّةٌ ودراما شاميَّة مِن حيِّ القَيْمَرِيّة

PASSIONPRENEUR®
PUBLISHING

مصطفي الحموي

حقوق النشر ©

طُبِع لأول مرة عام ٢٠٢٢

الغلاف الورقي: ٩٧٨-١٧٦١٢٤-٠٦٤٥
الكتاب الإلكتروني: ٩٧٨-١٧٦١٢٤-٠٦٠٧
الغلاف المقوي: ٩٧٨-١٧٦١٢٤-٠٦٩٠

جميع الحقوق محفوظة. لا يجوز نسخ أي جزء من هذا الكتاب أو تخزينه في نظام قابل للاسترجاع أو نقله بأي وسيلة (إلكترونية أو ميكانيكية أو نسخ أو تسجيل أو غير ذلك) بدون اذن الناشر صاحب حقوق الملكية الفكرية.

بسبب الطبيعة الديناميكية للإنترنت، قد ترد في هذا الكتاب أية عناوين أو ارتباطات على شبكة الويب وقد تغيّرتْ منذ النشر بحيث أنها قد لا تكون صالحة الآن. تستند المعلومات الواردة في هذا الكتاب إلى تجارب المؤلف وآرائه. إن الآراء الواردة في هذا الكتاب هي فقط آراء المؤلف ولا تعكس بالضرورة آراء الناشر؛ يُخلي الناشر بموجب هذه الاتفاقية مسؤوليته تجاهها.

لا يقدم مؤلف هذا الكتاب أي شكل من أشكال المشورة الطبية أو القانونية أو المالية أو التقنية سواء بشكل مباشر أو غير مباشر. ينحصر غرض المؤلف فقط في توفير معلومات ذات طبيعة عامة لمساعدتك في سعيك لتحقيق النمو والتطوير الشخصي. في حالة استخدام أي من المعلومات الواردة في هذا الكتاب، لا يتحمل المؤلف والناشر أية مسؤولية عن تصرفاتك. إذا كان هناك حاجة إلى أي شكل من أشكال مساعدة الخبراء، فيجب طلب خدمات أخصائي مختص.

معلومات النشر
تمّ تسهيل النشر والتصميم والإنتاج من خلال باشن برينيور للنشر
www.PassionpreneurPublishing.com
ملبورن، فيكتوريا | أستراليا

الرّسومات بيد الفنّانة الدّكتورة رهاب البيطار.

فهرس المحتويات

- إهداء .. شكرٌ وتقدير ١
- مقدِّمة بقلم مصطفى حسان الحموي: ما أهميَّةُ هذه القِصَّةُ؟ ٥
- كلمة عائلةُ المَرْحُومِ الحاجِّ البروفِّيسور حسَّان الحمويّ ٧
- كَلِمَة الفنَّانة الدُّكتورة رهاب البيطار ٩
- كَلِمَة الدُّكتور كريم عبيد ١١
- كَلِمَة الدُّكتور رائد الحلَّاق ١٣
- قبلَ قراءةِ القِصَّةِ: فَلْنَفْهَمْ اللَّهْجَةَ الشَّامِيَّةَ العتيقة، السَّهْلَ المُمْتَنِعَ ١٥

شَجَرَةُ اللَّيمُون

١. اللَّيْمُونُ المُرُّ "يا لَطيف ... يا لطيف!" ٢١

٢. المِفْتَاح "يامو هي إلَك" ٢٩

٣. ٣٠ سنة ما اجتمعنا، ومِشْتَئِلْهُون "أبو حَسَن رِجِع شَبَاب" ٣٥

٤. غابَ القَمَر وبدأ الصَّباحُ يُجَهْجِ "يا يامو وينك؟" ٤١

٥. اللَّيْمُونَةُ الحَزِيْنَةُ "لَعلِّي كُنْتُ لامَسْتُها" ٤٧

٦. المِنْدِيْلُ المُزَرْكَشُ "أكيد هذه الرَّائحَة من العروس الحلوة" ٥٣

٧. عِشقٌ يُولَدُ مِن رَحِمِ الوَلَه "لا تَسْتَعْجِلوا، أنا صاحبةُ الرَّأي" ٦١

٨. أمُّ عدنان تفكِّر "فِهِمْت شو بَدْهَا اللَّيْمُونة" ٦٩

٩. يا سَعْدَك يا قلبي "صَبَرْت ونِلْت" ٧٩

١٠. زَهْـرُ اللَّيْمُون "ولكلٍّ ما تَمَنَّى" ٨٧

- في الخِتَامِ كَلِمَة ٩٣

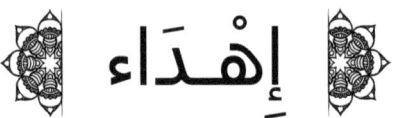

إِهْـدَاء

إلى كُلِّ مَنْ
يُؤْمِنُ بِالحُبِّ

شُكْرٌ وتَقْدِير

نتوجَّه بالشُّكر والتَّقدير إلى جميع من أسهم في جعل هذه القِصَّة تصلُ إلى الإصدار النِّهائيِّ الذي تقرؤونه الآنَ، نُدرج منهم بعضَ مَن تَحْضُرُنَا أسماؤهم لأنَّ إدراجَ جميعِ الأسماء سيحتاج إلى كتابٍ كامل:

- الدُّكتورة رهاب البيطار *على تقديم الرسومات لهذا الكتاب*
- الدُّكتور كريم عبيد
- الدُّكتور رائد الحلَّاق
- رندة الحمويّ
- رشا مروان الخطيب
- الفريق الدَّائم لصُنَّاع الجودة العرب:

  فاتن خضر، ميسون سكاف، ريما بايزيد، مريم غانم، منى غزَّاوي، دينا حمَّاد، هدى الحموي.

وأخيراً إلى جميع مَن دعم هذه القِصَّةَ وغَفَلْنَا عن ذِكرِه، فَلْيَعْلَمِ الجميعُ أنَّنَا مُمْتَنُّونَ لهم، وشاكرون ومقدِّرون لجهودهم.

عائلةُ المَرْحُومِ الحاجِّ البروفِّيسور حسَّان الحمويّ

مقدِّمة

ما أهميَّةُ هذه القِصَّةَ؟

أوَّلًا اسمحوا لي أنْ أقدِّم نفسي، أنا مصطفى حسَّان الحمويّ، الابنُ البِكْرُ للمرحوم الحاجّ البروفِّيسور حسَّان الحمويّ

سأحاول أنْ ألخِّصَ لكم السِّياقَ الذي كُتِبَتْ فيه قِصَّةُ شجرة اللَّيْمُون لتعرفوا أهمِيَّتَها. أنهى والدي كتابتَها قبلَ وفاته في أبريل (نيسان) ٢٠٢١م، وما يعطيها جلَّ الأهميَّة ثلاثُ نقاط:

١. أنا أُدير دارَ نشر في أستراليا ودبيّ متخصصة في نشر كتبٍ لرجال الأعمال والشَّخصيات العالميَّة، وقد حاولْتُ عدَّةَ مرَّات نشرَ كتابٍ عن قِصَّة حياةِ والدي، والذين يعرفونه يعلمون أنَّه كان من أكثر الشَّخصيَّات إلهاماً، ولكنَّه لم يعطِ المشروعَ أيَّةَ أهميَّة، وقال: "أُريدُكَ أنْ تنشرَ روايةَ شجرة اللَّيْمُون". وعندما قلْتُ له: "قِصَّة حياتك أهمُّ"، جاوبَني: "عندي هذه القِصَّةُ أهمُّ".

٢. تجميع وقائع هذه القِصَّة أخذ من والدي أكثر من أربعين سنة من البحث والتَّمحيص من أشخاص تفرَّقوا ليس من السهل الوصول إليهم، لِتجميعَها كما حصلَت، وباللَّهجةِ الشَّاميَّةِ العَتِيْقَة.

٣. كتب والدي هذه القِصَّةَ بنفسه على شكل ملحوظات على هاتفه الجوَّال عِلماً أنَّ يدَه اليُمنى مشلولةٌ بسبب حادث سيَّارة، وهو فاقدُ البصرِ في عينه اليُمنى بسبب مرض السُّكَّرِيّ.

سأتركُ لكم تخيُّلَ الجهد الذي تطلَّبه تَجميعُ الوقائعِ على مدى عقود من الزمن، ثُمَّ كتابتها بيدٍ واحدةٍ وعينٍ مبصرة واحدةٍ لِتكتمِلَ هذه القِصَّةُ قُبيل وفاته بشهور.

طبعاً كان لا بُدَّ من أنْ أُحقِّقَ أُمنيته في نشرها، ولو أنَّ مشيئةَ الله سبحانه وتعالى أنْ يُفارقَ والدي هذه الحياة إلى الفردوس الأعلى قبلَ نشرِ الرِّواية، فما إنْ استكملْتُ تجهيزَ هذه القِصَّةِ للنَّشرِ حتَّى عرفْتُ لِماذا كان والدي يَعُدُّها أهمَّ مِن قِصَّةِ حياتِه نفسها ...

هذا لأنَّ والدي رحمه الله كان يَعُدُّ الحُبَّ أرقى درجات الرُّوحانيَّة، إلى درجة أنَّنَا كتبْنَا على شاهدةِ قبره بيتاً من كلمات مولانا جلال الدِّين الرُّوميِّ(ت ٦٧٢هـ) التي كان والدي يتغنَّى بها دائماً:

لا تَكُنْ بلا حُبٍّ، لكَيلا تشعرَ بأنَّكَ ميت..
مُتْ في الحُبِّ وابقَ حيّاً للأبد!

فهذه القِصَّة هي عن الحُبِّ الذي لم يَمُتْ
فَلْيَحْيَا الحُبُّ

مصطفى حسَّان الحمويّ

كلمة عائلة المَرْحُوم الحاجّ البروفِّيسور حسَّان الحمويّ

فـي هـذه الرِّوايـة شـيءٌ مـن روح والدنـا رحمـه الله، فقـد كان رجـلاً مُحِبًّـا للعائلـة، وكان أغلـب مـن حولَـه يَعُـدُّه أبـاً، وليـس فقـط نحـن أبنـاءه.

كان يعـرف كيـف يعطـي الحـبَّ بـلا حـدودٍ أو توقُّـعٍ لمقابـل، يعـرف كيـف يحتـوي ويلَـهم، كان صوفيًّـا يؤمـن بالحُـبِّ الرُّوحـيِّ.

كان رجلاً استثنائيًّا ومؤثِّراً، من الصَّعب نسيانه.

نتـرك لكـم مـن أثـره هـذه الرِّوايـة التـي فيهـا شـيءٌ مـن روحـه الجميلـة.

عَائِلَتُكَ الَّتِي سَتُحِبُّكَ لِلْأَبَدِ . . .
إِلَى أَنْ نَلْتَقِيَ يَا حَبِيبَ الرُّوحِ

عائلتـك: ميسـون, مصطفـى, بشـرى, أروى, يوسـف, زينـة, عمـر, سـيما, حمـزة, رينـا, كنـز.

كَلِمَة الفنَّانة الدُّكتورة
رَهاب البيطار

في حياة كلِّ أنثى مِنّا شَجَرَةُ ليمون، وقد تختلف في شكلها أو لونها، وربَّما اختلفت في نوعيَّة تجربتها، أو في طول مُرافقتِها لها ومعرفتها بها.

ولكنْ على الرَّغم من كلِّ ما تواجهه المرأة اليومَ من مصاعبَ وتحدِّياتٍ تخوضها، فإنَّها تُصرُّ على التَّفوُّقِ أحياناً، فقط لِتُثبتَ للكونِ أنَّها تقدر.

وتظلُّ الحوَّاء في داخلها تبحث بصمتٍ وسرِّيَّةٍ عن (أبو حَسَنِها) المنشود، وسواءٌ أصرَّحَتْ بذلك أمْ لم تُفْضِ لأحدٍ به، يَظَلُّ هذا (الأبو حَسَن) حُلُمَاً تسعى إليه ... ولكنَّه يبقى حُلُمَاً إلى أنْ يأتيَ بكرا .. أحلى.

بقلم الدُّكتورة: رهاب البيطار

كَلِمَةُ الدُّكتور
كريم عبيد

في الشَّامِ حنينٌ دائمٌ، يُطَالِعَكَ مِن حيثُ لا تدري..
ياسَمِينٌ يختصر الحكايةَ كلَّها ..
يُعرِّش على سِياجِ الذِّكرياتِ العابرة..
ويُعيدُكَ إلى أوَّل العِطر..
حاراتٌ تقرأ بين سطورِ حِجارتها قِصَصاً لا تنتهي..
فرحٌ ضئيلٌ ينمو في زوايا البيوت..
حُزْنٌ تُخفيه الملامحُ خلفَ ابتساماتها الغائبة..
نوافذُ تزفُّ إليكَ الدِّفْءَ القادِمَ مِن الدَّاخلِ الأليف..
ذِكرياتٌ ما زالت تنزُّ في ذاكرة مَن مَضَوا، ولم يبقَ منهم سوى كلماتٍ تجيشُ بها الوَرَق..

وهنا تماماً.. يضعُنَا البروفِّيسور حسَّان الحمويّ في حكايته الحَمِيْمَةِ هذه (شَجَرَةُ اللَّيْمُون).. هذه الشَّجَرَة التي تصبح مُعادِلاً مَوضوعيًّا لكلِّ حُلُم خَفِيٍّ في نفوسِ أصحابِها..

في حيِّ القَيْمَرِيَّة تدور أحداثها / الواقعية، لِتأخذَ نَكْهَتَهَا الدِّمشقيَّةَ الجميلة، بلهجةِ أهلها التي أصرَّ صاحبُها عليها في الحوار، لِتحملَ وَهْجَها العفويَّ، وتنقلَ لنا من خلال شخصيَّاتها الرَّئيسة (عدنان، وأم عدنان وأبو حَسَن) قِصَصاً ذات شجون، ينتقل بها الكاتبُ بين الحاضر والماضي.. نتلمَّس من خلالها حقيقةَ المشاعرِ الإنسانيَّةِ، هذه التي ما زالت تحمينا من الانهيار والسُّقوط في هاويةِ النَّدم...

بقلم الدُّكتور: كريم عبيد

كَلِمَة الدُّكتور
رائـد الحلّاق

القِصَّـةُ دائمِـاً تكتسِـبُ شَـرعِيَّتها ممَّـا تُحـرِّكُ فـي وِجـدانِ القـارئ مِـن مَشَـاعِرَ، وممَّـا تحفِّـزُ فـي عقلِـه مِـن أفـكار. القِصَّـةُ الحَقيقيَّـةُ ليسـت القِصَّـةَ التـي حدثَـتْ فِعَـلاً فَحَسْـبُ، وإنّمـا هـي القِصَّـةُ التـي تدفـع الشُّـعورَ والوعـيَ إلـى اعتناقهـا وإنْ كانـت خياليَّـةً،

فَمَـا بَالنُـا بقصَّـةِ شَـجَرَةِ اللَّيْمُـونِ؟ تلـكَ القِصَّـة الحقيقيَّـة التـي تَرَكَـتْ فـي أعماقِنـا ذلـك الوعـيَ العظيـمَ بقُدسـيَّةِ الحُـبِّ وقـوَّةِ طاقتِـه.

بالحُبِّ تَحْيَا القلوبُ، وتَحْيَا الإنسانيَّةُ ... بالحُبِّ تعلَّمْتُ
منها أنَّ المرأةَ الدِّمشقيَّةَ:
أمٌّ رؤومٌ حتَّى على ولدٍ عاقّ ...
زوجٌ عَرُوْبٌ حتَّى لِزوجٍ صارَ هَالةً من الذِّكرى ...
حبيبةٌ وَفِيَّةٌ حتَّى على حُبٍّ تاه أربعينَ سنةً بينَ
القلوبِ المتَصَحِّرةِ ...

لكنَّ الحُبَّ يَحْيَا دائماً حيثُ تَحْيَا زَهْرَةُ اللَّيْمُوْنِ.

بقلم الدُّكتور رائد الحلّاق

اللَّهْجَةُ الشَّامِيَّةُ العتيقةُ - السَّهلُ المُمْتَنِعُ

هذ القِصَّة كُتِبَتْ باللَّهجة الشَّاميَّة العتيقة (القديمة) كما حدثت، فاللَّهجةُ الشَّاميَّة هي الأسلوبُ المَحكيُّ للُّغةِ العربيَّة لدى الدِّمشقيِّين الذين يتفاخرون بها، وتُعَدُّ هذه اللَّهجةُ ممَّا يميِّز سكَّانَ دمشقَ القديمةِ تحديداً عن باقي سكَّان سورية، وحتَّى عن سكَّان دمشق الحديثة.

تمتاز اللَّهجةُ الشَّاميَّة بمرونتها، ولها قواعدُها الخاصة، وهي السَّهلُ الممتنع، وفيما يأتي بعض الأمثلة لتسهيل فهمها:

النَّحت: يُكثِرُ أهلُ دمشق من استخدام النَّحت في كلامهم، والنَّحت هو أنْ يُخْتَصَرَ من كلمتين فأكثر كلمةٌ واحدة تدلُّ على ما كانت تدلُّ عليه الكلمتان، أو الجملة، فمن النحت قولُهم:

- **(شُو بدّكْ):** والأصل (أيُّ شيءٍ بودِّك؟)
- **(شُو عليه؟):** أيْ (أيُّ شيءٍ عليه؟) والمعنى النفي، أيْ (لا شيء عليه) فهو موافقٌ على الأمر ولا مانع لديه.
- **(بِالمْشَرْمَحي):** وهي منحوتة من بداية سورة الانشراح من (ألم نشرح)، والمعنى: أخبرني بكلام عربيٍّ واضحٍ وصريحٍ من غير تلميحٍ أو كنايةٍ أو توريةٍ.

- **(شُوبَك):** أيْ (أيُّ شـيءٍ هو بِك؟).

- **(مَعلِيشـــي)** أو **(مَاعَلِيــشْ):** أيْ (مـا عَلــيّ شـــيء)، وتقــال للاعتــذار، أي أرجــو ألَّا يكــونَ لــك عَلــيّ شــيء. وتكــون أيضــاً مــن: (مـا عليـه شـيء)، وتعنـي: (ليـس فـي الأمـرِ شـيءٌ يؤخـذ عليـه).

القلـبُ المكانـيُّ: وهـو تقديـمُ حـروفٍ أو تأخيرهـا فـي الكلمـة نفسِـها لتسـهيلِ النُّطـقِ بهـا، مثلمـا يقـول الدِّمشـقيُّون:

- **(رَعْبـون):** للعَرْبـون وهـو دفـعُ شـيءٍ مـن الثمـن عنـد المشـتري ليكـونَ مـا اشـتراه لـه عندمـا ينقـدُ ثمنَـه كلَّـه.

- **(سَدّاجة):** للسَجّادة.

- **(جوز):** للزوج.

الإبـدال: وهـو إبـدالُ حـرفٍ أو حرفيـن بآخـر أو آخريـن مع وجودِ تناسـبٍ معيَّـن بيـن اللَّفظيـن فـي المعنـى والمخـرج، ويسـمَّى ذلـك الاشـتقاقَ الأكبـر، وأهـلُ دمشـقَ وريفُهـا يُكثـرون مـن الإبـدال، ومـن ذلك:

- **إبدال الجيم زاياً كقولهم:** (زواز) في زواج، و(زهاز) في جهاز.

- **إبـدال القـاف غينـاً والـدال ضـاداً كقولهـم:** (مانـي غَضْـران) أيْ: مـا أنـا بقـادر، و(مـا بِغْضِـر) أيْ: مـا بقـدر

وفـي كثيـرٍ مــن الأحيــان يجتمــعُ القلــبُ والأبــدالُ فــي كلمــةٍ واحــدة مثــل:

- **(إجِر):** للرِجْل، فقدّموا اللام وأبدلوها همزة.

- **(معلأة):** للمِلْعَقة، حيث قدّموا اللّام، وأبدلوا القافَ همزةً.

- **(بحـلأ):** لحَمْلَـقَ حيـث تقدَّمَـتِ البـاءُ المبدلـة مـن الميـم، وأُبدِلَـتِ القـافُ همـزةً.

الزيــادة: وهــي أنْ يُـزادَ علــى الكلمــة حــرفٌ، أو أكثــر، وذلــك مــن لهجــات العــرب، مثــل:

- **(حربايـة):** للحرباء.

وقد تجتمع الزيادة والإبدال كقولهم:

- **(لـو طَرْبَئـت السَّــما عَ الأرض):** أيْ: لـو أطبقـت السَّــماء علـى الأرض.

النقصـان والقُطْـع: ويقطـع أهـلُ دمشـقَ وغيرُهـم آخـرَ بعـض الألفـاظ كقولهم:

- **(تَعَا):** أيْ تَعَالَ، و**(تَعِي):** أيْ تَعَالي
- **(صعـي؟):** أيْ صحيـح؟ للتعجُّـب مـن الـكلام المسـموع وتبيُّـن مـدى صدقِـه.
- **(أسطا):** في كلمة أُستاذ، وهذا من نقصان الحروف.
- **(بُبّو العين):** أيْ بؤبؤ العين، وهو إنسانها أو سوادها.
- **(عَطُوني):** في كلمة أعطوني.

أوزان المبالغـة: هـي صفـاتٌ بمعنـى اسـمِ الفاعـل تـدلُّ علـى زيـادةِ وصـفِ الموصـوف، وهـي سـماعية نذكـر منهـا (فَعّـال) مثـل:

- **(ضَـرّاب):** حيـث يقـول أهـلُ دمشـق عندمـا يريـدون ذمَّ شـخصٍ هـو (ضَـرّاب السـخن)، أيْ هـو كثيـر الضَّـرب علـى الحديـد أو الزجاج السَّـاخن كنايـةً عـن الانتهـازي.
- **(سَـيَّاح نيّاح):** يصفون بها البيتَ الواسعَ والمريحَ جداً.
- **(نَقّاق):** وصف للشَّخص الغليظ الكثيرِ الشَّكوى والتبرُّم.

شَجَرَةُ اللَّيْمُون

عِنْدَمَا لا يَمُوتُ الحُبُّ

شَوْقٌ فَوَلَهٌ فَلِقَاءٌ فَعِشْق
في ظِلَالِ زَهْرِ اللَّيْمُون

١

الليمون المر!

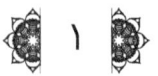

١

اللَّيْمُون المُرّ

"يا لطيف... يا لطيف!"

فَرَغَتْ أمُّ عدنانَ اليومَ سريعاً من أعباءِ بيتها الدِّمشقيِّ الحنون، ودخلَتْ تريدُ أنْ تُريحَ جسدَها المُتَضَعْضِعَ، فتمدَّدَتْ على سريرِها المتواضِعِ، وأَذِنَ لها جوُّ الغرفةِ بقيلولةٍ ريثما يصدحُ أذانُ العصرِ نَدِيًّا من حَنْجَرَةِ أبي حَسَن مختارِ حيِّ القَيْمَرِيَّةِ(١)، ومؤذِّن جامع الأطاط فيها، وإمامِه أيضاً.

إنَّها تتقلَّبُ بين النَّائمةِ واليَقْظَى على سريرها الذي لم يكفَّ عن إصدارِ أصوات التَّضَجُّرِ بحركاتها المتكرِّرة، وهي بينَ تعبٍ يُغْرِي بالنُّعاس، وخاطرٍ يستنفرُ العقلَ إلى الانتباه.

خطرَ في بالها وهي تَنْشُدُ الرَّاحةَ بالنَّومِ العميق أنَّ هذا لن يحصلَ في هذه الغرفة بأيَّة حالٍ، ولو أنَّ جوَّ الغرفةِ يُغري بذلك، فكيف تأتي الرَّاحةُ وهي تعلم أنَّها تركَتْ غرفةَ جهازها(٢) وفاءً لزوجها المتوفَّى، وباتت الآنَ تقبعُ في غرفةِ المُونة(٣) التي كلَّما تأمَّلَتْها تذكَّرت زوجَها المرحومَ أبا عدنان، وكيف كان حريصاً في أيَّام العزِّ معه على ألَّا يَنْقُصَها شيءٌ من مونة البيت.

لقد أدركت أنَّ ذكرى أبي عدنان لا تفارقها أينما حلَّت، فنظرت إلى

١- القَيْمَرِيَّة: حيٌّ قديم من أحياء دمشق القديمة في سورية، يقع ضمن سور المدينة القديمة، ويُعدُّ حاليًّاً أحَدَ أهمِّ الوجهات السِّياحيَّة ضمن دمشق لحفاظه على روحه التراثيَّة وبيوته القديمة، وهو من الأحياء الدِّمشقيَّة العريقة، ومؤخَّراً كثُرت فيه المطاعم والمقاهي والسُيَّاح.

٢- الجهاز: هو ما يقوم أهل العريس بشرائه للعروس لتجهيزها للزواج، وعادةً ما يكون، بالإضافة إلى ملابس العروس، متضمِّناً مفروشات غرفة النوم، وأيضاً غرفة الصالون. وقد تكون هذه المفروشات من الموزاييك الشَّامي أو مشغولة بالصدف للتَّباهي بها أمام الزُّوَّار.

٣- المونة: كلمة شائعة، وتعني: مؤونة وجمعها مُؤن: وهو الطعام الَّذي يتمُّ تخزينه لوقت الحاجة.

صورة زوجها المعلَّقة على الحائط، وقالت بسَكينةٍ: «الله يرحم ترابك يا أب عدنان الغالي». ما تْحَمَّلْت أبداً نامْ بغرفة جهازنا من وقت ما تَركْتِني ورحت لعند ربَّك. الله يرحمك. سامحني إذا بيوم من الأيَّام اضطَّرّيت فرِّط فيها غصباً عنّي للشَّديد القوي. ابنك من يوم خطوبته زادَتْ قسوته ولَجَاجته وطيشه، وصار ما بفكِّر إلَّا بخطيبته وحماته، وزواجِه.

أنا تنازلت عن الكثير لحتّى أسعد ابننا الوحيد. تركتْ له الدَّور العلوي كلّه من البيت بشِقّيه الصَّيفيّ والشَّتويّ ليجهِّزه متل ما بدها حماتُه وحَسَب شروطِها. ومو بس هيك، حماتُه حطّت عينها على غرفة جهازنا، قال بتقولو حماته: «شو لازمة الغرفة إذا أمّك مالها قاعدة فيها، أنت ومرتك أَوْلَى فيها».

ثم استدركَتْ مع تنهيدةِ المغلوبِ على أمره قائلةً: «الله يهدّي سِرّه، شو بدي أعمل أنا، ما طلعت من هالدّنيا بغير هالولد».

وما هي إلَّا لحظاتٌ حتَّى أَجْفَلَ عدنانُ وَسْنَتَهَا بدخولٍ مُبَاغِت... فتح عدنانُ بابَ الغرفةِ على أمِّه بحركةٍ خاطِفةٍ. سَكَنَ أمامَها هُنَيْهَةً، ثم بادَرَها مُتَصنِّعاً صوتاً رؤوفاً سرعان ما تحوَّل إلى صراخٍ شيطاني: «يامو[1]، كيف بتقولي لحماتي إنّك ما بتئدري تبيعي فرش غرفة جهازك بشان[2] أفرشها لحماتي إذا إجت وقت ولادة مرتي؟!»

نفخَ وزمجر، ولعن حظَّه وحظَّ أجداده لأنَّ هذه العيلة «ما رح تشوف حفيد، ورح تندثر، ويضيع المال والمالكانات [3]».

١- يامو: يا أمي.

٢- بشان: من شأن، أيْ من أجل. والمقصود هنا الاستنكار، أيْ:(هل ولدْتِني إلى الدنيا لتعذِّبيني؟!).

٣- المالكانات: أيْ الأملاك.

انتظـر جوابَهـا فلـم تَنْبِـسْ بِبِنْـتِ شَـفَة، بـل قامـت للوضـوء لأنَّ أبـا حَسَــن رفـع الأذان، فجـاء صـوتُ الأذانِ فـي وقتـه لِيخفِّـفَ عنهـا مـا جَثَمَ علـى صدرِهـا مـن الحـزنِ والكآبـة، وبـدا لهـا أنَّ الخـروجَ مِـن جـوِّ الغرفـةِ للوضـوءِ سـيمنَحُها بعـضَ الرّاحـة، فتوجَّهَـتْ إلـى بـاب الغرفـة آخِـذَةً معهـا سـجّادةَ الصَّلاة، مـارَّةً بعدنـانَ الـذي لـم يُفْسِـحْ لهـا، فالتفَـتْ حولَـه، ونزلـت درجـةَ غرفتهـا إلـى أرض الدِّيـار مُواجِهـةً أشـعَّةَ الشَّـمس. لـم تنـسَ أنْ تنظـرَ إلـى ليمونَتِهـا الجميلـةِ نظـرةَ حـبٍّ. رَمَقَتْهـا بعطـفِ الصَّديقـةِ علـى الصَّديقـة، وبثَّتْهـا فـي ثـوانٍ بعـضَ مـا يجيـشُ فـي صدرهـا. ثُـمَّ سَـمَّرَتْ عينيهـا نحـو البحـرةِ، وتوجَّهـت إليهـا لِتَشْرَعَ بالوضوء.

أمَّـا عدنـانُ فقـد أَسْـنَدَ طولَـه إلـى بـاب الغرفـة يراقـبُ حـركاتِ أمِّـه فـي الوضـوء، واسـتدرك كلامَـه السَّـابقَ قائـلاً: «شـو مـا فـي بقلبـك رحمة؟! شو بتكرهيني؟! ... ليش جبتيني للحياة؟ بشان تعذبيني؟!»

لكنَّهـا سـكتَتْ وسـكنَتْ، وكبَّـرَتْ لِلبـدءِ بالصَّـلاة. فرَمَقَهـا قائـلاً: «الشَّغلة مو بالصَّلاة، الشغلة بالأَخْلاء[1]».

مـا إن أَنْهَـتِ الصَّـلاةَ وبـدأت تسـبِّح وتتضـرَّع إلـى الله، حتَّـى ضـاق صدرُهـا، وجـفَّ حلقُهـا، وبـدأت نفسُـها تشـوش[2] عليهـا، فنظـرَتْ بعيـنٍ مِلؤهـا الاسـتعطاف، وهـي لا تـكاد تـراه بعينيهـا مـن الدُّمـوع التـي تُغـرِق عينيهـا وقالَـتْ: «ميمتـي حبيبـي ائطفلـي ليمونـة، الله يحـنّ عليك، شايشة عليِّي نفسي».

١- بالأَخْلاء: أيْ الأخلاق. بإبدال القاف همزةً.

٢- تشوش، شايشة. بمعنى أشعر بالغثيان.

شـدَّ عدنـان اللَّيْمُونـة بعنـف وغضـب وهـو يبربـر(١) : «يـالله بلَّشْـنَا تمثيل!» .

شـدَّها مرَّة أخرى فأخفقَ فـي قطفِهـا، فالتفَـتَ إلـى شَـجَرةِ اللَّيْمُـونِ وهـو يقـول: «مـو ناقصنـي إلَّا إنـتِ»، ثـمَّ نَخَعَهـا(٢) بعنـفٍ، وانبـرى إلـى أمِّه قائلاً:

«شَرّفي(٣)، لنشوف آخرتها معك».

فوضعتهـا أمُّ عدنـان بيـن أسـنانِها مُحاوِلَـةً تقشـيرَها، واشـتمامَ رائحـةِ الزَّيـتِ العطـريِّ الطيَّـار فيهـا وهـو يدخـل أنفَهـا علَّـه يُنْعِشُـها، ولكنَّهـا لَفَظَتْهَـا، وقالَـتْ بتعجُّـبٍ وصوتُهـا لا يُسـعِفُها: «هـي ممـم .. هـي مـو حلـوة. يامـو، الله يحـنّ عليـك، عطينـي مـن اللّيمونـة الحلـوة، شايشـة نفسـي».

فالتفَتَ إليها صارِخاً: «أي شو ما عدتي شفتي؟! ليكها(٤) بإيدِك».

تلمَّسَـتْها ... حقًّـا إنَّهـا ليمونـةٌ حلـوة، فأعادَتْهـا إلـى فمهـا وأنفهـا ظنّـاً منهـا أنَّهـا موهومـة مـن الأسـى والحـزن، ثـمَّ صرخـت: «يـا لطيـف... يـا لطيف!(٥)».

خيَّـمَ صمـتٌ رهيـب علـى أرض الديـار(٦)، واسـتلْقَتْ علـى سـجَّادَتِها مدهوشـةً، وقـد مـرّتْ سـنوات العمـر فـي خاطرهـا خـلال لحظـات...

١- يبربر: يتحدَّث بعصبيَّةٍ مع نطق الحروف بشكل غير واضح.

٢- نَخَعَها: هنا استُخدِمَتْ للدَّلالة على المبالغة في شدِّها بغضب.

٣- شَرّفي: يعني تفضَّلي، واستُخدِمَتْ هنا على سبيل الاستهزاء.

٤- ليكها: أيْ انظري إليها، هي في يدك.

٥- «يالطيـف... يالطيـف»: وهنـا يبـدو أنَّهـا توقَّعَـتْ مـوتَ شَـجَرةِ اللَّيْمُـون، لأن اللَّيْمُونـة الحلـوة ملمسُـها ناعـمٌ بعكـس اللَّيْمُونـة الحامضـة، واللَّيْمُونـة تتأثـر بمَـن يرعاهـا، لذلـك اختلـف ملمسُـها تعبيـراً عـن قسـوة مَـن يرعاهـا.

٦- أرض الديـار: وتسـمَّى أيضـاً صحـن الـدار، وهـي مـن خاصِّيَّـات البيـت الدِّمشـقي العتيـق، وهـي فسـحة مفتوحـة إلـى السـماء، وتحـوي فـي المنتصـف بحـرةً مزخرفـة تزيِّنهـا مـن الأطـراف الأشـجارُ والنَّباتـات.

رجعت فيها الذِّكرياتُ إلى أيّام الصبا، ورأت فيها أبا عدنان وقد قبَّل خدَّها في يوم الصباحيَّة، وحَمَلَها بين يديه القويَّتين، ونزل بها الدَّرجَ إلى أنْ وصلَ إلى غرفةِ الجهاز، وحين مرَّا باللَّيْمُونةِ الحلوة الَّتي تقع في المنتصف بين غرفة الجهاز وغرفة مخزن المونة، دخل أريجُ زَهْرِ اللَّيْمُونِ في أنفها، فابتسم عريسُها قائلاً: «والله بعمري ما شمِّيت ريحتها بهالقوة، ليكها عم تحتفل فيكي تِئبشيني[١] وتِشِكْلِي آسي[٢]».

قبَّلَتْه بين عينيه، واعتصرت خدَّها بخدِّه، وارتبط لسانُها فرحاً وخوفاً، لكنَّها أفصحَتْ عن عباراتِ الدَّلال الشَّاميَّة العجيبة، ثمَّ أدخلها الغرفةَ، وجلس على طقم الكنبة الصَّدَف، وأجلَسَها في حضنه، ولاعب ضفائِرَها قائلاً: «الله يا (سُميَّة)! عمري ما شفت متل هالجَمَال وهالنُّعومة وهالعيون!». وانبرى يدعو ويقول: «يا ريتك يا يامو عايشة».

وانفجر الطِّفلُ بداخله، وانتقل حنينُه إليها، فعانقَتْه يمازجُ حبُّها كلَّ الذِّكريات القديمة مع شعور الحُبِّ الَّذي انتابَها نحوه من النَّظرة الأولى، وكأنَّها تعانقه حين رأته لأوّل مرّةٍ في دُكَّانه.

وانتابها أوَّل مرَّة في هذا العُمُرِ الغَضِّ شعورٌ عارمٌ بالأمومة أخذ بِلُبِّها وجوارحها، فزاد شرودُها وتشتَّتَ ذهنُها لأنَّها اختبرَتْ خلال يومين مشاعرَ لا تحتمُلها الجبالُ، فكيف بفتيَّة لم يثمرْ عودُها ولم يتفتَّحْ زهرُها بعدُ؟!

١- تِئْبِشيني: فعل تركي الأصل من كلمة öpüşmek ومعناها التقبيل، تئبش تستخدم في سياق تجهيز الميت للدفن، والقصد هنا باللَّهجة الشاميَّة العتيقة: «من شدَّة الحُبِّ أتمنَّى أنْ أموتَ قبلك».

٢- تِشِكْل آسي: تصعد إلى قبري وتضع الآس عليه. (الآس: نبتة تُوضع في بلاد الشَّام على قبر الميت). والقصد هنا باللَّهجة الشَّاميَّة العتيقة: «من شدَّة الحُبِّ أتمنَّى أنْ أموتَ قبلك».

ولكـنْ مـا أصعـبَ الذِّكريـاتِ اللَّذيـذةَ حيـن تُـراوِدُ المـرءَ فـي المواقـف العصيبـةِ، فـلا يـدري إلـى أيِّهمـا يستسـلم، أيستسـلمُ للذِّكـرى التـي تُشْـعِلُ فيـه كلَّ جُـذْوَةِ حنيـنٍ إلـى لحظاتـه الأثيـرة،؟ أم إلـى الواقـع الـذي يَصْخَـبُ علـى العقـل والمشـاعر لِيفـرضَ وجـودَه وشـروطَه، ويشـتِّتَ الذِّهـنَ بيـن مـاضٍ انتهـى بمـا فيـه، وواقـعٍ يهـدِّد بمآسـيه؟. علـى كلِّ حـالٍ، الذَّنـبُ ذَنْـبُ الشُّـعور الـذي يسـتلِذُّ اسـتحضارَ الذِّكريات الجميلـة، ويسـتعذبُ المقارنـةَ بيـن زمنيـن، زمـنٍ كانـت فيـه هـذه اللَّيْمُوْنَـةُ فـي أروع مـا لديهـا مـن طِيْـبٍ ونضـارةٍ، وزمـنٍ باتـت فيـه مثـلَ أمٍّ عدنان تتجرَّعُ الحسـرةَ والمرارة.

✵ ✵ ✵

٢

المفتاح

٢

المفتاح

"يامو هي إلك!"

صَحْصَحَتْ أمُّ عدنان من الذِّكريات، ورفعَتْ رأسَها، وقد شعرَتْ بقوَّةٍ وعزيمةٍ لم تشعرْ بهما منذ صباها أيْ قبلَ اثنين وثلاثين عاماً، بعدَ أنْ هدَّتْها الأيّامُ بصنوف الأذى والمِحَن، ثمَّ قامَتْ وتوجَّهَتْ إلى غرفة الجهاز، أخرجَتْ مفتاحَ الغرفةِ من جيبٍ داخليٍّ في ثوبها، وفتحت القفل بيدِها التي بان عليها أثر السِّنين، تلبَّثَتْ برهةً ممسكةً مقبضَ الباب، ومُطَأطِئَةً رأسَها كأنَّها تُراجِعُ نفسَها، ثُمَّ قطعَتْ سكونَها بحركةٍ سريعةٍ فتحَتْ بها بابَ الغرفة ، تأمَّلَتْ غرفتَها العزيزةَ ركناً ركناً، وقطعةً قطعةً، وهي تجتهد في مَلْءِ رئتيها من استنشاق رائحة الغرفة. يا لها من غرفةٍ مَهيبةٍ يكسوها الجلالُ! يا لها من غرفةٍ تبعث في تضاعيف جسمِها المُنْهَكِ أروعَ مشاعر الرَّاحة والأمان!. تلك أشياؤها لا تزال على حالها، وذلك جهازُها العتيقُ الوقورُ لا يزال صلباً في مكانه لم تَعْبَثْ به غدراتُ الزَّمانِ بَعْدُ.

ألحَّتْ عليها الذِّكريات مرَّةً أخرى... هنا جلسَتْ... هنا ضحكَتْ... هنا قال لها أبو عدنان، وهناك غنَّجها، وهناك ناجاها. كادت الذِّكرى تأخذ بلُبِّها مرَّةً أخرى، لولا أنَّها الآنَ في موقفٍ تعلم منه جيِّداً أنَّ واقع اللَّحظةَ أقوى من الذِّكرى.

لذلك أوصدَتْ الغرفةَ سريعاً، وقفلت بابَها وسحبَتَ المفتاحَ من القفل بهدوء، وتوجَّهَتْ إلى عدنانَ قائلةً: «يامو هي إلَكْ».

صمتَتْ قليلاً، ثمَّ قالَتْ له: «اعرضها على (أبو حَسَن) لأنَّه من زمان متمنِّيها».

انفرجَتْ أساريرُ عدنانَ، وملأت ضحكتُه وجهَه، وقرَّب يدَه من أمِّه خاطِفاً المفتاحَ من يدها كأنَّه خاف أنْ تُراجِعَ نفسَها، وتراجَعَ عن قرارها، وانسحبَ من أمام أمِّه بسرعةٍ مُتَوَجِّهاً نحوَ باب الدَّارِ. سمعَتْ أمُّ عدنانَ كلمةَ «بخاطِرك يامو» وصوتَ إغلاقِ الباب في آنٍ معاً. عادت أمُّ عدنان إلى غرفتها، وهي تتنهَّد وتهزُّ برأسها.

ما إنْ وصل عدنان إلى أبي حَسَن حتَّى سلَّمَ ودخل في الموضوع على عجل...

«السَّلام عليكم عمّي أبو حَسَن، لك[1] الله يخلِّيلْنا أحلى مأذّن وأحلى إيمام[2] وأحلى مختار، قالتلي أمّي أنّو أنت عاجبتك غرفة جهازها، وأنا بدّي بيعها.. تشتريها؟».

دَمَعَتْ عينُ أبي حَسَن وقال: «لك يا ابني، عندكم مالكانات كتير، بيع شي مالكانة، واشتريلك بيت بالحارة، واتروك أمَّك ببيتها وعزّها».

فأجابه: «عمّي أبو حَسَن، وَعَدتْ (حسنا) خطيبتي إذا كان أوَّل بطن صبي بدِّي أفرِّغلها كلّ المالكانات، بشان لا تتبهدل بعدي هيي وابني».

١- لك: من «وْلاكْ» أولى لك، وتُستخدم كثيراً في اللَّهجة الشَّاميَّة في بداية الجملة إذا كان فيها الكثير من الاستعجاب، ويمكن أن تُستخدم بسياق عادي أو للاستهجان والسخرية. ويُعرف ذلك من سياق النص وطريقة قولها.

٢- إيمام: إمام، تقال باللَّهجة الشَّاميَّة العتيقة بمد الكسرة لتصبح ياءً.

ضحك أبو حَسَن، وقال: «وييييينك و ويييييين ... عَطِينا عُمْر، وَلَوْ ....!».

ردَّ عدنان بعصبيَّةٍ: «الله بيبعت غيرك... بخاطرك[١]».

أوقفَه المختارُ سائلاً: «عمِّي، أنا كنت بالحجّ لمّا خطبت أنت، وصراحةً ما سألت من بيت مين وبالأخص إنهم مو[٢] من الحارة».

أجابه عدنان: «بنت أبو شاكر الصَّابوني بيَّاع السُّجَّاد بسوق الحميديَّة، من حارة الأنوات[٣]».

فاستدرك أبو حَسَن قائلاً: «روح اسأل حَمَاك، إذا وافق تبيع جهاز أمَّك، تعال خود حقُّه وفوقهن مية دهبة[٤]».

١- بخاطرك: بمعنى استأذن. تُستخدم للوداع. يقولها الشَّخص الذي همَّ بالخروج. بخاطرك.. مع السلامة. بخاطركو ونشوفكو على خير.

٢- مو: أيْ ما، مو من الحارة: ليست من الحارة.

٣- حارة الأنوات: اللفظ العامي لحيِّ القنوات، وهو حيٌّ دمشقي عريق أسسه الأثرياء من أهل دمشق بعد أن ازداد عدد سكَّانها، وضاقت بهم حارات دمشق القديمة وانتقلوا للعيش فيه، حيث جعلوه خارجَ سور دمشق القديم.

٤- مية دهبة: مئة قطعة ذهبيَّة.

٣

٣٠ سنة ما اجتمعنا، ومِشْتَئِلْهُون

٣

٣٠ سنة ما اجتمعنا، ومِشْتَئِلْهُون

"أبو حَسَن رجع شَبَاب"

عدنان ما ضيَّع ولا لحظة، وركض لعند حَمَاه أبي شاكر الصَّابوني يحكيله يللي صار، بجاوبه حَمَاه بدون تفكير: "حقّ الجهاز وفوقهن مية دهبة؟! ... إيه، ما بدها وقفة، هاد مختاركم أهبل والعفو".

رجع عدنان بنفس اليوم: "عمِّي أبو حَسَن مبروك، أنا وعمِّي أبو خطيبتي موافقين".

فأجابه أبو حَسَن: "على بركة الله. بكرة بعد صلاة العَصر بجيب المصاري وبجي، خبِّر الوالدة، وبفرد مرَّة انداه لخالك أبو نبيل وخالك أبو محيّ الدين لنشوفهن لأنو صرلي أكتر من تلاتين ٣٠ سنة ما اجتمعنا ومِشْتَئِلْهُون[١]".

في ذات الوقت كانت أمُّ عدنان تُلملم كلَّ حبَّات اللَّيْمُون الَّتي سقطت الواحدة تلوَ الأخرى بعد مغادرة عدنان المنزل، وعيونها لم تجفَّ من الدُّموع، وقلبُها منفطرٌ من كثرة المشاعرِ المُختلِطةِ، وقد مُزِجَت اللَّحظاتُ الحاضرةُ بكامل لحظات عمرِها، كما مُزِجَتْ قشورُ اللَّيْمُون بجلدها فجعلَتْها تحسُّ بنعومةِ اللَّيْمُون مع لدعَةِ جمرٍ في آنٍ معاً.

نظَّفَت أرض الدّيار، ورشَّت الشَّجرةَ بالماء، ومَسَحَتْ أوراقَها، وعانقَتْها وهي تبكي مستعيدةً شَريطَ الذِّكرياتِ القديمة سريعاً ...

١- مِشْتَئِلْهُون: مشتاق لهم.

صلَّـتِ المغـربَ وأغلقَـتْ بـابَ غرفَتِهـا وخلـدَتْ فيهـا، وفجـأةً بادَرَهـا عدنـانُ صارِخـاً: «يامـو يامـو، أبـو حَسَـن بـدو يجـي يحمِّـل الجهـاز بكـرة بعـد صـلاة العَصـر، وألّـي(١) انـداه لخوالـك، وأنـا بعتلُّـون(٢) وبكرة إنشـالله جايين....».

سَـلَتْ حَنكهـا(٣) وفكَّـرَتْ: «مـا الـذي دفـع أبـا حَسَـن إلـى إدخـالِ أخويها في موضوع بيع وشراء الجهاز؟!».

لـم تنَـمْ أمُّ عدنـانَ ليلتَهـا سـارِحةً فـي الذِّكريـات، وجسـدُها المُنْهَـكُ وفؤادُهـا المكسـورُ جعلاهـا لا تُفـرِّقُ بيـن حقيقـةٍ وَوَهْـمٍ، وكأنَّهـا فـي سُـبات فـلا هـي تحـرِّك جسـدَها ولا تقلِّبُـه، ولا هـي تفتـح عينيهـا، وكأنَّها مشلولةَ الأجفان.

ورائحـةُ اللَّيْمُونـةِ تُهَفْهِـفُ، تـارةً تأتـي وتذكِّرُهـا بيـوم صباحِيَّتَهـا، فَتَنْتَعِشُ روحُها، وتارةً تختفي الرَّائحةُ فيضيقُ صدرُها.

لـم تشـعرْ بالوقـت يمـرُّ، ومـا كادَتْ تغفـو حَقّـاً حتَّـى بَاغَتَهـا صـوتٌ عَذْبٌ يصدَح به أبو حَسَن قائلاً: «الله أكبر».

اسـتمرَّتْ تسـمعُ الأذانَ وتقـول مُنشـرِحَةَ القلـبِ: «أبـو حَسَـن رِجِـع شَبَاب ... أبو حَسَن رِجِع شَبَاب».

توقَّـفَ الأذانُ بانتهـاءِ المـؤذِّن، فـإذا بهـا تنهـضُ مُسـتغرِبةً مـن أنَّهـا لـم تكنْ نائمةً! ولم تكنْ تَحْلُمُ!

١- بألّي: قال لي.

٢- بعتلُّون: بعثْتُ إليهم.

٣- سَـلَتْ حَنكهـا: «سَـلَتْ» يعنـي وقـع، «الحَنَـك» هـو الفـك، والعبـارة تعنـي: فتحَـتْ فكَّهـا إلـى أقصـاه مـن شـدَّة التَّعجُّـب.

قامَتْ تملؤهـا الرَّغبـةُ بالوقـوف بيـن يـدي الله، فتناولَـتْ مِنْشَـفَتَها، واتَّجهَـتْ نحـوَ أرضِ الدّيـار، عابـرةً بـاب غرفتهـا، نازلـةً الدَّرجـة الوحيـدة فـي عتبـة غرفتهـا لِتطـأَ قدمُهـا الأرضَ، وكادَتْ قدمُهـا تنزلـق، ولكنَّهـا تمالكَتْ نفسَـها، وتابعَتِ السَّيرَ من أجل الوضوءِ مُستغرِبةً ذلك.

فهـي لـم تُشـعِلِ المصبـاحَ الصَّغيـر فـي أرض الدّيـار، وهـذه عادتُهـا عندمـا يكـونُ القمـرُ بـدراً، لأنّ مـا يتسـرَّبُ مـن نـورِ القمر يكفـي للحركةِ مـن غرفـة النّـوم للوضـوءِ والصَّـلاةِ، ولِمداعبـةِ مُخَيِّلَـةِ الصَّاحِـي فـي هذا الوقت.

توضَّـأَتْ وعـادَتْ مُسـرِعَةً اتجـاه درج الطَّابـقِ العلـويِّ بعـد أنْ خلعَـتْ قبقابهـا[1] رحمـةً ورأفـةً بابنهـا، قائلـةً فـي نفسِـها: «حـرام بيكـون تعبان، بلا ما صحّيه».

قفـزت علـى الـدَّرج فـي حركـةٍ عفويَّـة تدفعهـا أحـلامُ اليقظـةِ الَّتـي بـدأَتْ أمُّ عدنـانَ تتمسَّـكُ بهـا لأنَّهـا داعبَـتْ مشـاعرَ كانـت قـد ماتـت فأَحْيَتْهـا، ولـم تشـعرْ بنفسـها إلّا وهـي علـى المَشْـرَقَة، وعُنُقُهـا يبحـث عـن قمرِهـا لتسـأَله إنْ كانـت صورةُ وجهها ووجـهِ أبـي عدنـان مـا زالَـتْ مطبوعـةً عليـه ... نَعَـم، يجب أنْ تكونَ مطبوعـةً عليـه ... ألـمْ يشـاركهما اللَّيالـي الرَّائعـة؟! ألـم يريَـا مـا يشـبه صـورةَ وَجْهَيْهِمَـا على صفحتِه وهما يَصِفَان تضاريسهما ويضحكان ويتلامسان؟!

❋ ❋ ❋

١- قبقابهـا: القبقـاب هـو حـذاء للقـدم مصنـوع مـن خشـب الحـور أو الجـوز أو الشـوح، يغلّفـه قشـاطُ جلـدي بألـوان مختلفـة، وكونـه مـن الخشـب فهـو يصـدر صوتـاً عاليـاً عنـد المشـي بـه.

٤

غابَ القَمَرُ وبدأ الصَّباحُ يُجَهْجِه

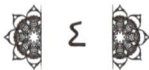

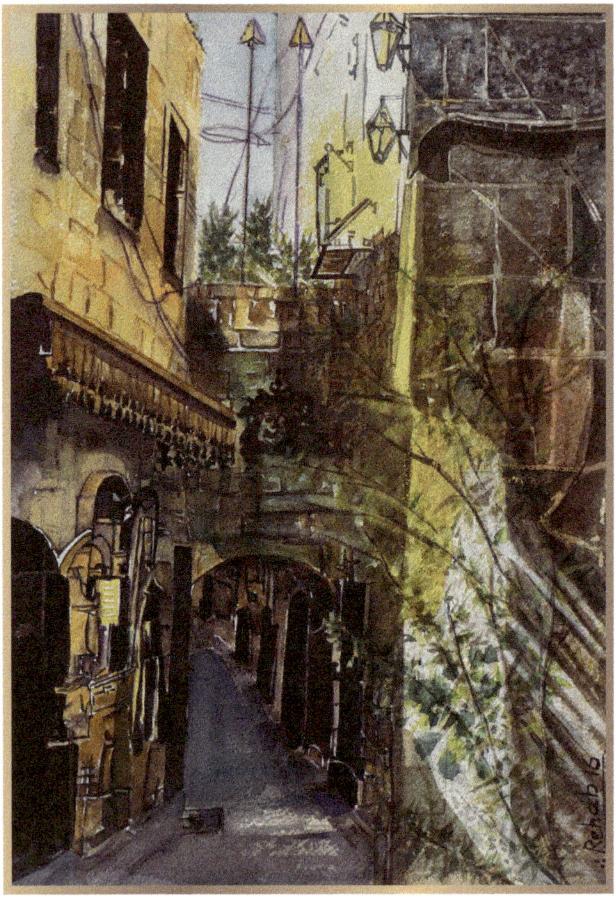

٤

غابَ القَمَرُ وبدأ الصَّباحُ يُجَهْجِه

"يا يامو وينِك"

غابَ القمرُ وبدأ الصَّباحُ يُجَهْجِه[١]، فانتبهَتْ أنَّها لم تُصَلِّ الفجر، فأسرعَتْ وصلَّتْ على المَشْرَقَة[٢]، وجلسَتْ على عادتِها تُسبِّح وتدعو الله، ورغبَتْ في أنْ تُقلِّبَ جنبَها على سُجَّادتها، وما إنْ فعلَتْ ذلك حتَّى توقَّفَ كلُّ شيءٍ إلَّا دقَّاتِ قلبِها المُتعَبِ، وزَفراتِها الحارَّةَ الَّتي تخرجُ من حين لآخر عسى أنْ يخرجَ معها قهرُها وكَسْرُ خاطرِها.

لم يقطع نومَها المُضنَى إلَّا صياحُ عدنان الغاضب: «لك يا يامو وينِك؟ .. وينك يا أم عدنان؟».

كان يصرخُ وهو واقفٌ على شُرفَةِ الدَّور العلويِّ متَّجهاً نحو أرض الدِّيار ... حينها فتحَتْ أمُّ عدنان عينيها بصعوبةٍ بالغةٍ، فصعَقَها وهجُ شمسِ ما بعدَ الظَّهيرة، فقامَتْ مُسرِعةً وتدلَّتْ تسألُه: «يامو أديش الوقت؟».

١- يُجَهْجِه: الجهجهةُ صوتُ صياح الأَبطال في الحرب، وهي أيضاً من (يزهزه) أي يختال. والمعنى أشرق الصَّباحُ بنورٍ قويٍّ.

٢- المَشْرَقَة: هي سطح صغير في الطَّابق العلويِّ من البيوت الشَّاميَّة، يُستخدم لنشر الغَسيل ويستخدم مُتَنَفَّساً. والمَشْرَقَةُ أروعُ صِلةِ وَصْلٍ بين الجارات في البيوت الشَّاميَّةِ، فكلُّ مَشْرَقَةٍ لها نافذةٌ إلى مَشْرَقَةِ بيتِ الجارة المُلاصِق. إنَّها نقطةُ تَماسٍّ بين الجارات يَتَبادَلْنَ عَبْرَها أدواتِ الطَّبْخِ، وبعضَ المونةِ، وسُكَبَ الطَّعام ممَّا يُغْنِيْهِنَّ عن الخروجِ إلى الأبواب الرَّئيسةِ. والأهمُّ أنَّهُنَّ يَتَبادَلْنَ عَبْرَها أطولَ السِّيَرِ والأحاديثِ النِّسائيَّةِ في كلِّ حادثٍ أو خاطر، فربَّما يبدأ الحديثُ من نشرِ الغسيل على المَشْرَقَةِ أو طلبِ غرضٍ ما، ولا ينتهي إلَّا بعدَ فَضْفَضَةٍ طويلةٍ يقطعُها في الغالب مجيءُ رِجّال البيت، أو صياحٌ يستدعي حضورَ ستِّ البيت.

ازداد عدنان حَنَقَه عندما جاء صوتُ أمّه من المَشْرَقَةِ، وهو الذي كان ينتظر رَدَّها من أرض الدّيار، وذهبَتْ به الظُّنونُ كلَّ مَذْهبٍ، فقد خمَّن أنَّ أمَّه تتبادل الحديثَ مع جارتها فيما يخصُّ زواجَه. وها هو ذا صياحُه يدوّي من جديد: «لك وينك إنتي؟ .. شو عم تعملي فوق؟!».

«لا يقوم(١) متل العادة عم تُقِّصي سِيَر(٢) لجارتك على خطيبتي وحماتي؟.. ما بجوز يامو، البيوت أسرار، خافي الله».

«بعدين يامو ليش ما صحّيتيني وما فطّرتيني؟! يامو بتعرفي أنّو لازم نرفع السجّات(٣) والتُّحف من أوضة الجهاز ونْلِفْهُوْن(٤) بشان يجي أبو حَسَن يحمّل الأغراض».

ردَّت عليه بهدوءٍ مكرّرةً سؤالها: «شو الوقت يامو؟»

أجابها ببرودٍ: «رح نصير قريب العصر!»

استغربَتْ وهرعَتْ قائلةً: «يالله، قايمة يامو... قايمة».

وطأَتْ قدمُها أرضَ الدِّيار فكادت تنزلق للمرَّة الثَّانية!

نظرَتْ حولَ قدميها، وشَهَقَتْ شَهْقَةَ المفجوعِ، وصرخَتْ نادِبةً: «يا ويلي ... يا ريتني مِتت وما شِفْت هالمَنْظَر»، وكانت صرخةً كفيلةً بأنْ تلمَّ عليها جاراتها اللَّواتي كنَّ في تلك اللَّحظةِ على الأسطحِ المُلاصقةِ لسطحها يُنجِزْنَ بعضَ الأعمال أو يُحَرِّكْنَ بندورةَ

١- لا يقوم: يُستعمل هذا الفعل بمعنى (لا يكون) على سبيل الإنكار، والمراد إثبات الفعل بحكم العادة، أي إنتِ تفعلين هذا كعادتك.

٢- عم تقصّي سير: أيْ تحكين القصص والسِّير للجارات في الوقت الحاضر.

٣- السجّات: السُّجّاد.

٤- نْلِفْهُوْن: نلفُّ السُّجّاد ونغلّفه.

المونـة فـي أَوْعِيَتِهـا المتروكـةِ تحـت الشَّـمس، وفـي الحـالِ هَرَعْـنَ إلـى ناحيـةِ سـطحِها يُسْـمِعْنَها صـوتَ المُنْقِـذِ الآتـي، ويصرخْـنَ: «خيـر أمّ عدنان! ... إن شاء الله خير ... لك شو صاير؟!».

ثُـمَّ مَـدَدْنَ رؤوسـهُنَّ ناحيـةَ أرض الدّيـار لِيَرَيْـنَ أمّ عدنـانَ مُتَسَـمِّرةً أمـامَ لَيْمُوْنَتِهـا العاريـةِ، فصرخْـنَ صرخـةً واحـدةً: «لـك شـو هـاد أم عدنـان؟ ليش هيك عاملة بالشجرة!؟».

نظرَتْ إليهِنَّ، وأَخَذَتْ تجهشُ بالبكاء بحرقةٍ لم تختبرْها من قبلُ.

فنزلَـتِ النِّسـاءُ القادمـاتِ عبـرَ السُّـطوحِ الملتصقـةِ المفتوحـةِ بعضهـا علـى بعـض إلـى أرض الـدَّار مُندهِشـاتٍ مـن منظـرٍ لـمْ يعهدْنَـه قبـلاً، وهُـنَّ يتسـاءلْنَ: «ويـن المحـروس عدنـان؟! لـك شـو صايـر؟!». لكنَّهـا لمْ تُجِبْ.

وأدرك عدنـانُ أنَّ أمَّـه تنعـي شـجرتَها الأثيـرةَ، وبمـا أنَّه لا يـرى للموضوع أيَّـة أهمِّيَّـة، فقـد وفَّـرَتْ لـه الجـاراتُ اللَّواتـي نزلْـنَ إليهـا عَبْـرَ الأسـطحِ حُجَّةً للاستتارِ في غرفته.

وعـاودَ الاسـتلقاءَ والنَّـومَ مُعانِقـاً مخدَّتَـه، يُحـدِّثُ نفسَـه عـن تلـكَ اللَّيلـةِ الَّتـي سَـتَبِيْتُ حماتُـه فيهـا فـي بيتـه منتظريـنَ ولـيَّ العهـدِ القـادمِ، غارقـاً فـي خطَّتِـه: كيـف سـيدلِّلُها ويغنِّجُهـا لأنَّهـا هـي مَـن سيبشِّره بالمولود الجديد.

٥

اللَّيْمُونَةُ الحَزِيْنَةُ

اللوحة مأخوذة من صورة بعدسة الفنان م. مازن القوتلي

٥

اللَّيْمُونَةُ الحَزِيْنَةُ

"لعلِّي كنْتُ لامَسْتُها"

تحلَّقَتِ الجاراتُ اللَّواتي حضرْنَ حولَ أمِّ عدنان وهي مشدوهةٌ لا تَنْبسُ بِبِنْتِ شَفَة، وشرعْنَ يرمُقْنَ بعضَهُنَ، وكلُّ واحدةٍ تُهَمْهِمُ بعبارةٍ تصف غرابةَ الحالِ والموقف:

"يِهْ .. يِهْ .. (١) ليكوا شلون مخطوف لونها!"

"بُبُّو عينها(٢) جامد!"

"لك شُبِك(٣) أم عدنان؟! لك شو صاير عندكون؟! شُبِك! شو صار حتَّى شَهَقْتِي وصرختي؟! لك رَعَّبْتِيْنَا(٤) يا أم عدنان!".

وهرعَتْ واحدةٌ نحوَ ماء البحرةِ، فبلَّلَتْ يديها ورشَّتْ أمَّ عدنان بالماء وهي تقول: "تئبري قلبي(٥) أم عدنان، الله يهديكِ لا تِشِلْشِينا(٦) عليكِ، صحصحي".

أمُّ عدنان ليست هنا، لم تكنْ قادرةً على أنْ تكونَ معهُنَّ أو أنْ تسمعَ أو تردَّ، فقد سُلِبَتْ قلبَها وعقلَها، والآنَ نظرَها وهي ترى

١- يِهْ .. يِهْ: أصوات تُقال للتَّعبير عن التَّعجُّب من الشَّيء.

٢- بُبُّو عينها: أيْ بؤبؤ العين.

٣- شُبِك: شو بك، أيْ: أيُّ شيءٍ بك؟

٤- رَعَّبْتِيْنَا: أيْ أَرْعَبْتِنا.

٥- تئبري قلبي: أيْ تقبري، بإبدال القاف همزةً للتَّخفُّف من النُّطق بها. والدُّعاء: (تقبري قلبي) أصله من دعاء الدَّاعي بأنْ يقبر المدعوُّ له قلبَ الدَّاعي دلالةً على الحبِّ والرَّغبة الشَّديدة في الموت قبل المحبوب، وأنْ يقوم المحبوب بتكفين المحبِّ، وقبره ووضع الآس على القبر، فمن الأدعية الشَّاميَّة في هذا السِّياق (تقبري قلبي - تكفّنيني – تِشكلي آسي).

٦- لا تِشِلْشِينا: أيْ لا تُصيبي عقلنا باضطراب وارتباك وضياع الوعي بسبب حالتك التي أنتِ عليها.

آخرَ الوريقاتِ من شجرتِها تتفلَّتُ وتهبطُ على أرض الدَّار.

لم يبقَ منها ورقةً واحدة. فآخِرُ الوريقاتِ سقطَتْ أمامَ عينيها!

وكأنَّها أوحيَ إليها أنَّها سمعَتْ صوتَ أوراقِ الشَّجرةِ تنادي مُستغيثةً من الموت.

وكانَتْ تفكِّرُ في اللَّيْمُونَةِ وتقول: "يبدو أنَّها لم تتمكَّنْ من حملِ ليموناتِها فَسَقَطْنَ".

وفكَّرَتْ: "لم تعُدْ تتحمَّلُني حتَّى، يبدو أنَّ اللَّيْمُونَةَ بثَّتْ كلَّ حزنِها عليكِ، ولم تعُدْ تتحمَّلُ أنَّاتِكِ وزَفَراتِكِ وأحزانَكِ".

لم ترتفعْ عينُ أمِّ عدنانَ عن آخرِ ورقةٍ لامسَتِ الأرضَ، ووزَّعَتْ نظراتِها على أرضِ الدَّارِ لترى أنَّها قد هرسَتْ بقدمِها وريقاتٍ وقعْنَ عند بابِ غرفتِها وهي تخرجُ لصلاةِ الفجرِ، وكادَتْ تنزلِقُ بهِنَّ.

انتابَها شعورٌ هائلٌ بالأسى والذَّنب، وحدَّثَتْ نفسَها: "لو أنِّي انتبهْتُ لكنتُ لَحِقْتُ وعملتُ شي لشجرتي الغالية".

لعلِّي كنْتُ لامَسْتُها ... لعلِّي كنْتُ عانقْتُها ... لعلِّي مسحْتُ عليها بماءِ الزَّهرِ فأُخَفِّفَ عنها....

غَرَسَ الحزنُ العميقُ بصدرِها خِنْجَرَ النَّدمِ إلى أن ظنَّتْ أنَّ أنانيَّتَها وهرولَتَها إلى المَشْرَقَةِ لتناجيَ القمرَ، وإهمالَها لشجرتِها هو ما فوَّتَ عليها فرصةَ إسعافِها.

قالَتْ في نفسِها: "أنا أعرفُ... نَعَمْ، أعرفُ أنَّها تشعرُ بآلامِنا وأفراحِنا ... ألم تحملْ في السَّنةِ التي وَلَدَ عدنانُ فيها ضِعْفَ الزَّهرِ وضِعْفَ الثَّمر؟"

ألـمْ تتعجَّـبْ نسـاءُ الحـارةِ مـن أناقتِهـا وتألُّقِهـا غيـرِ المُعتـادِ حتَّـى أصبحَتْ ليمونةُ أمِّ عدنانَ مَضْرَبَ مَثَلٍ، وسُـمِّيَتْ بالعروسِ الحلوة؟

ألـمْ يتفتَّـحْ زهرُهـا علـى مـدارِ ثلاثـةِ أيـامٍ عنـد عودتِهـا مـع أبـي عدنـان مـن الحـجِّ، ونشـرَتْ عبيرَهـا فـي أرجـاءِ البيـتِ حتَّـى ظـنَّ المُهنِّئـونَ أنَّ أمَّ عدنان نظَّفَتْ أرضَ الدَّارِ بزهرِ اللَّيْمُون؟!....

لـمْ يوقظْهـا مـن سُـباتِها سـوى هـزَّاتٍ عنيفـةٍ علـى كتفِهـا قامَـتْ بهـا إحـدى الجـاراتِ وهـي تصـرخ: «لـك شـو انخبلتـي؟ لـك شـبك ردِّي .. ردِّي».

عادَتْ من حُلُمِ اليقظةِ فوجدَتْ نفسَـها غارقةً في العويل والنَّحيب ...

تعجَّبَـتْ وكأنَّهـا تنظـرُ مـن خارجهـا إلـى نفسـها وإلـى مـا حولَهـا، وكانَـتْ تسـمعُ أصواتَ نـداءِ عدنـان مـن فـوق: «تسـتَّروا يـا حريـم... لك شوفي .. شو صاير ...».

نظرَ عدنانُ نظراتِ الجاهل المُستغرِب موجِّهاً الكلامَ إلى أمِّ عدنان:

«لـك شـو صايرلـك يامـو ... مبـارح بتئطفـي كلّ اللَّيْمُونـات، واليـوم بتنتفي ريش اللَّيْمُونة؟!».

ثمَّ أطلقَ ضحكةً جوفاءَ وتافهةً، وقال مُستهزِئاً:

«ياللّه، إذا هـادا بيبسْـطِك مـو مشـكلة، المهمّ ترَوْئِيْنَـا[1] ... هههههه». وعاود الدُّخولَ إلى غرفته ساحباً معه قهقهتَه السَّاخرة.

انسـحبَتِ الجـاراتُ بصمـتٍ وهـدوءٍ ومـن دون أيِّ تعليـق، وعيونُهُـنَّ تتبـادل نظـراتِ الاسـتغرابِ والخُبْـث، فقـد رَجَعْـنَ بقِصَّـةٍ تَكْفِيْهِـنَّ

١- ترَوْئِيْنَا: من تروقينا، أيْ أنْ يروقَ ويصفوَ مزاجُك لِيروقَ ويصفوَ مزاجُنا.

لأسابيعَ في الاستقبالات والصَّبحيَّات مع نساء الحارة عن «أمِّ عدنان، ويللي عملته، وليش عملته».

أمَّا هي فدخلَتْ غرفتَها، وأحضرَتِ الصرَّةَ الَّتي جمعَتْ فيها ليموناتِ الأمس، ولَمْلَمَتِ الأوراقَ وقامَتْ بمسحِهنَّ ورقةً ورقةً، ونالَتْ كثيراً منهُنَّ قطراتٌ من دموعها، ثمَّ صعدَتْ إلى المَشْرَقَةِ وفردَتْ صرَّةَ اللَّيْمُون، ووضعَتْها في مكانٍ تُصيْبُه الشَّمسُ أطولَ مدَّةٍ ممكنةٍ، ثمَّ أحضرَتْ منديلَها الأبيضَ الَّذي زَرْكَشَتْه لها جدَّتُها يومَ فرحِها، وعطَّرَتْه مِن زجاجةِ عطرِها ذاتِ الزُّجاجِ الفيروزيِّ الغامقِ والنَّادر، تلك الَّتي أحضرَها لها أبو عدنان من القُدس والَّتي لمْ تتعطَّرْ منها إلَّا لأبي عدنان، وربطَتْها على عُنُقِ الجذع الأكبرِ في الشَّجرةِ وكأنَّها تُضَمِّدُها، ولامَسَتْ أغصانَها بحنانٍ وهي ترجو ألَّا تموتَ وألَّا تَيْبَسَ وألَّا تُغادرَها، لأنَّها صديقةَ عمرِها.

مع اقتراب موعدِ زيارة أبي حَسَن قرعَ أخواها البابَ وسلَّما عليها سائلَيْهَا عن الرَّائحةِ الذَّكيَّةِ المُنبَعِثَةِ من أرض الدَّار.

فأجلَسَتْهُما بجوار البحرةِ، وجعلَتْ ظهرَهما إلى شَجَرةِ اللَّيْمُون لكيلا يسألاها عن شيء ....

٦

المِنْدِيلُ المُزَرْكَشُ

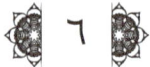

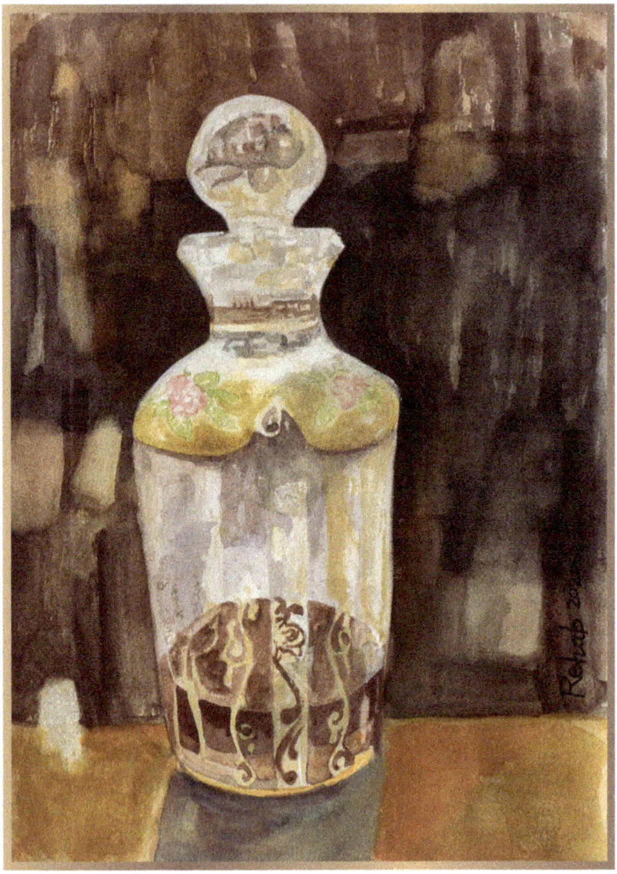

٦

المِنْدِيلُ المُزَرْكَشُ

"مَا شَاء اللّه!، أكيد هذه الرَّائحةُ من العروس الحلوة"

جلس الأخَوَان وفي خَلَدَيْهِما أسئلةٌ كثيرةٌ حولَ الزِّيارةِ وأبي حَسَن، ومغزى ذلك كلِّه. فهما لم يدركا على وجهِ التَّحديد ما الذي تفوَّه به عدنانُ حين ذهبَ إليهما، ولماذا دعاهما؟. لقد أرادا بإصرارٍ أنْ يستفسرا عن الأمر، وأنْ يستوضحا معنى لقاء أبي حَسَن وماذا يريد قبل أنْ يأتي. وهما ينتظران فرصةَ صَمْتٍ سانحةً من أختهما أمِّ عدنان بعدَ أنْ تفرغَ من مبادلتِهما الحديثَ عن الأحوالِ والعِيال والصِّحَّةِ والمعيشة. لكنَّ أبا حَسَن فوَّت عليهما هذه الفرصةَ إذ قرعَ البابَ مبكِّراً عن موعده، فهبَّ عدنانُ لاستقباله بينما أسرعَتْ أمُّ عدنانَ إلى غرفتها مع سماع صوت عدنان يقول: "يالله .. يالله .. خدو طريق[١]".

ودخل أبو حَسَن وبرفقته عدنان، وكرَّر بدورِه السُّؤالَ عن الرَّائحةِ الطَّيِّبة، وهو يردِّدُ بصوتٍ عالٍ: "ما شاءَ الله!، أكيد هذه الرَّائحةُ من العروسِ الحلوةِ، فدائماً ما ترحِّبُ بالضُّيوف حتَّى لو لم يكنْ موسمَ زَهْرِها".

عبر الممرَّ ودخل الدَّارَ مُبتسِماً، ولسانُه يهزجُ بالتَّحيَّات والسَّلامات لصديقيه القديمَيْن، وعينُه تشوحُ ناحيةَ اللَّيْمونةِ من دون قصدٍ،

١- خدو طريق: الحديث موَّجه للنساء في أرض الديار، أيْ أفسحوا الطريق واستتروا لدخول الرِّجال.

وفجأةً انعقدَ لسانُه وتوقّف عن السَّلامِ والكلام، وهو يقول:

«خيراً إنْ شاءَ الله .. خيراً إنْ شاء الله!»

استغرب عدنانُ والخالان، وسألوه مستغرِبين:

«شو صرلك أبو حَسَن؟! أي كأنّه طِلِعْلَك جِنّي؟!»

لكنَّ أبا حَسَن صمَتَ، ولم يصرِّح لهم بشيء، حيث أدرك أنَّهم بعيدون عمَّا شاهده وشعر به وفهمه من الإشارات، أيْ فيما حصل للشَّجرة، وبالأخصّ في منظرِ المِنْدِيل المُزَرْكَش المربوط عليها، ورائحة ماء الزَّهر وماء الورد الَّتي تفوح من أركان الدَّار.

ثمَّ جلسَ مُقابِلاً لعدنان وخالَيْه، وعينُه لا تزال مشدودةً إلى المِنْدِيل المُزَرْكَش الَّذي يعرفُه حقَّ المعرفة.

نَعَم، إنَّه المِنْدِيلُ الَّذي كانَتِ الإبرُ الَّتي طَرَّزَتْه تُغْرَسُ في قلبه قبلَ أنْ تَعْبُرَ القماش، ولَكَمْ كان يتمنَّى أنْ يكونَ قد كَتَبَ عليه حروفَ اسمِه واسمِ سُمَيَّة (أم عدنان).

ولكنَّ خالتَه مانعت حين تمنَّى عليها وهي تحوك المِنْدِيلَ أنْ تضعَ ولو حرفَ اسمه فقط لِيتفاءَل بذلك، ولِيكونَ الحرفُ فألَ خيرٍ عليه، عسى أنْ يُغَيِّرَ والدُ سُمَيَّة رأيَه ويقبلَ به عريساً لابنته بدلاً من أبي عدنان..... .

قاطعَ شرودَه الأخُ الأكبر، قائلاً:

«هيه! وين سرحان أبو حَسَن ... كيفك وكيف أيامك؟ ... وشو أخبار الحارة أبو حَسَن؟ .. إيه أنت ماسِكْهَا من الباب للمحراب،

حتَّى الجامع وخطبة الجمعة، وفوق منها مأذون سبع حارات ههههه».

لكنَّ أبا حَسَن ظلَّ مُشَتَّتاً لا يفهم ماذا حدث في بيت حبيبته القديمة، الَّتي لا تعلمُ عن حبِّه شيئاً سوى أنَّه «طَلَبَها وأبوها رفض»، وأنَّ إخوتَها وأبا عدنان قاطعوه إكراماً لوالدها من دون أنْ يعرفَ أحدٌ السَّببَ.

وفجأةً استجمعَ أنفاسَه وشجاعتَه وقرَّر أنْ يُصَرِّحَ بفكرته الَّتي انفجرَتْ في باله للتَّوِّ، فهو لم يَعُدْ يريد شراءَ الجهاز، بل أصبح يريد أنْ يشتريَ البيت، وإذا وافقوا فسيصعقهم بخبرٍ يحتارون أمامه.

وجَّه الكلامَ لعدنان: «إيه عمّو عدنان، شو بيسوى بيتكم برأيك؟».

أجابه: «ليش عم تسأل عمّي أبو حَسَن؟».

فرد عليه: «حِشَرِيّة عمّي حِشَرِيّة ههه ... اعتبرها شدّ حكي ودردشة».

بعدها دارَ الحديثُ لأكثرِ من نصفِ ساعة، تداولَ الجميعُ أحوالَ البيوت والمالكانات والسوق وهبوط الذَّهب، وفي النِّهاية قال الخال الأصغر:

«البيت بيسوى ستّالاف (٦٠٠٠) دهبة !»

لكنَّ عدنان قال مُخالِفاً له: «خالي، إيه ما جاب أكتر من خمستالاف (٥٠٠٠)، ومن سنتين وأنا عم سعّره ... ما جاب خالي ما جاب».

أجاب الخالُ: «إيه ممكن، لأنَّ المعروض كتير خالي».

وهنا وجد أبو حَسَن فرصة للاختراق وانتزاع موافقة منهم ببيعهم المنزل، فقال بصوت الواثق القادر:

«ستّالاف (٦٠٠٠) دهبة عمي، أيْ أنا هلّاء وبهالأعدة إذا بتبارِك لي اشتريت، وإذا بتئلي[1] بكرة بأربعتالاف (٤٠٠٠) ما بشتري، وعلى فكرة بيت أبو جودت الشَّراباتي بدو ينباع بخمسة وخمسميّة وهو أكبر وأوجه، فشو قلت؟».

نظر عدنانُ إلى خالَيْه فوجدهما مشدوهَيْنِ ومتفاجِئَيْنِ، ولم يعطِياه أيَّ رأي، فازدادَتْ حِيْرَتُه فهل يوافقُ ويذهب لشراءِ بيت الجيران الأكبرِ والأوجه ويبقى معه مالٌ فائض؟

ودارَتْ فكرةُ المال الفائضِ في عقله، فازدادَ طَمَعُه، وسأل أبا حَسَن: «قبل البيت والبيعة، شو بشان العفش يللي جاي تشتريه؟».

فردَّ عليه: «أيْ نَعَم، حقّ الجهاز بيوصل قبل ما يطلع الجهاز من محلّه، وقبل حقّ البيت ....».

فقال عدنان: «والدَّهبات أبو حَسَن والدهبات .. مو هيك وَعَدت؟».

فأجابه أبو حَسَن: «أكيد».

ازدادت دهشة الخالَيْنِ فأصبحا لا يفهمان شيئاً مما يحدث، فقالا:

«إيه شو جايبينّا رِجل كرسي؟! يعني مالنا قيمة؟!».

أسرع أبو حَسَن قائلاً: «شو بِعتْنِي؟».

١- هلّأ: هلَّق، نحت من عبارة هذا الوقت. وبهالأعدة: في هذه القعدة. بتئلي: أيْ تقول لي.

فأجابه عدنان: «مبروك».

صرخ الخالُ قائلاً: «هيك ما بيصير .. ما بيصير هيك».

قال أبو حَسَن وعينُه على المِنْدِيل المربوط على جذع اللَّيْمُونة:

«يا جماعة أنا طالب القُرب منكم، وبطلب إيد أم عدنان على سنّة الله ورسوله .. عدنان بمئام ابني، وأنتو أهلي، ونحنا قرايب بتعرفوني وبعرفكون، وسبق أمي الله يرحمها طلبت لي إيد أختكم، ورحمة الله عليه عمي أبو ياسين ما قِبِل، لأنّه في خلاف على الدّكاكين بفلسطين بينه وبين أبي، وأنا ما إلي ذنب والدّكاكين راحت، والتنين راحوا لرحمة ربهم، وعدنان رح يتجوَّز هاليومين، أنا وحداني، وولادي كلهن ببيوتهم، والجواز الله حلله، ومَهْر أم عدنان بيتها، وهدية جوازها نفس جهازها، وهدية عدنان الدَّهبات يلي وَعَدْتُه فيُّن، و أنتو الشّهود، شو قلتو؟».

كانت الصَّدمةُ في نفوسِ السَّامعين سيِّدَةَ الموقفِ بعدَ طلبِ أبي حَسَن الذي أَرْبَكَ العقولَ وحيَّرَ المَنْطِق، فَسَادَ صمتٌ مَهيبٌ مع نفحاتِ الهواء الطَّيِّبة، وأَطْرَقَ الجميعُ إلى الأرض، وغابوا في شرودٍ عميقٍ فَرَضَه الموقفُ.

٧

عِشْقٌ يُوْلَدُ مِنْ رَحِمِ الوَلَه

٧

عِشْقٌ يُوْلَدُ مِنْ رَحِمِ الوَلَه

"لا تَسْتَعْجِلُوا أنا صاحِبَةُ الرَّأي"

عدنان استشار شيطانَه الّذي وضع نفسَه تحت تصرُّفه للاستشارة بالمجّان "ومع بوسة إيد"، الخالان ضربا أخماساً بأسداس، و"بلشو يْدَوْرُوْهَا بمُخْهُم":

"ابن أختنا بدّو يتجوّز، وأختنا معوّدة على العز، ورح تنقلب حياتها، وتتبهدل مع الكنّة وأمها، ونحنا مو ناقصين عَيّ .... نسوانا ما بيحملوها، وببيت لحالها إذا نفع هلّاء ما بينفع لمّا تكبر شوي تانية ...".

تبادل الأطراف الثّلاثة النّظرات والإيماءات والهمسات مشدوهين ملبّكين[1]

فنطق الأخ الأكبر: "والله يا أخي شي بيغري، وما في غلط وكلّه شرعي".

فأجابه أخوه: "له يا أخي! لك شو بدهون يحكوا النّاس علينا؟ بيقولوا ما حملوا أختهم يلّي ربّتهم وتحمّلت مسؤوليتهم بعد عرسها بشهر؟!".

فردّ عليه: "له يا أبو محي الدّين، مو هيك القِصّة، لك أبو حسن بيئربنا ومن العيلة، فشو عم تقول باعو أختون؟! إي ما في هيك حكي!".

١- ملبّكين: مرتبكون.

أمَّا عدنان فأشاحَ وجهَه، وطار في تخيّلاته مُبتسِمَاً مطروباً:

«لا أمّي، ولا مشاكل، ولا طلبات، وأَرْيَح لَمرتي وأَرْيَح لمُخّي .. لك مو بس هيك كمان بيخلالي البيت، وباخد راحتي وبتفرفد أنا ومرتي متل ما بدنا».

كان أبو حَسَن يرى المِنْدِيْلَ يتحرَّك ويلوِّح ويبتسم له، فأخذ يفكِّر:

«اللَّيْمُونة، العروس الحلوة لم تَعُدْ جرداء، بل اكتسَتْ بما لم يرَه أحدٌ من جمالٍ أو تخيَّلَه شخصٌ في بال، أزهارُها متفتّحةٌ وفوَّاحةٌ، أغصانُها مليئةٌ بهيئةٍ لم تكنْ عليها من قبلُ، أوراقُها تلمعُ في ضوءِ القمرِ وتتراتبُ بهيئةٍ لم تكنْ عليها من قبلُ، بل إنَّ ملمسَها عجيبٌ!

بعضُها مُخْمَلِيٌّ، وبعضُها حَرِيْرِيٌّ، وبعضُها مُرَصَّعٌ بقطرات النَّدى. أمَّا السِّحرُ فهو تَدَلّي اللَّيْمُونُ النَّاضجُ الرَّائعُ الأملسُ كخدِّ محبوبتِه، وقد أثقلَ الأغصانَ فَحَنَاها، فأضحَتْ كأنَّها أذرعُ حُوريَّات مرصَّعَةٍ بالذَّهب المُكوَّر واللُّؤلؤِ، تمتدُّ لتعانقَه وتلامسَ وجناتِه وتداعبَ خصلاتِ شعره الأملسِ النَّاعمِ الموشَّحِ بالفضَّة. وأغصانٌ أخرى تسحبُه إلى صدرِها لتعانقَه وتغمرَه .... أحسَّ أنَّه أصبح واللَّيْمُونةَ جَسَداً واحداً!».

كان الجميعُ غارقين بأفكارهم، ولم يستفيقوا من غَرَقِهم إلاَّ على صوتِ أمِّ عدنان تصيحُ من الدَّاخل:

«لا تَسْتَعْجِلُوا، أنا صاحبةُ الرَّأي، وإلي كلام مع أبو حسن، بس بكرة».

راحـت السَّـكرة وجـاءت الفِكـرة، ونظـر بعضُهـم إلـى بعـضٍ مُسـتغرِبين: «هل كانت تسمعُ ما في دواخِلِنا!!!!».

قـام أبـو حَسَـن وقـد أيقـنَ أنَّ حبَّـه العـذريَّ سـيعود إلـى أحضانـه، فشعرَ بعزيمة الشَّباب، وقال في نفسِه لنفسِه:

«إيـه مـو كبيـر ... إيـه أكيـد مـو كبيـر ... وليـش مـا تِقْبَـل؟! .... خالتـي قالتلـي وقـت قالولهـا إنّـي طلبـت إيدهـا ورفـض والدهـا دمعـت عينهـا .... أكيـد لازم كنـت لافـت نظرهـا ... أكيـد ... إيـه أنـا مـن أحلـى شـباب القَيْمَرِيَّـة، وأبضـاي وشـغّيل، وكلّ الصَّبايـا يلـي كانـوا يجـوا ليشـتروا العطـورات منـيَّ كانـوا بيشـهدوا أديـش كنـت محتـرم ولطيـف ومـؤدَّب، والأهمّ إنّي كنت أتوصّى فيُّن ولبّيلهون طلبْهُن من تحت الأرض».

ولم يشعرْ أبو حَسَن بنفسه إلَّا وهو وحيدٌ خلفَ الباب.

لم يتبعْه أحد!

ولم يودِّعْه أحد!

التفـتَ وصـاحَ لِيسـمعوه وبصـوتِ الواثـقِ والمُسـيطرِ علـى الموقـف، قائلاً:

«أنـا بخدمتـك خانـم، يلـي بتئمريـه بيصيـر ... إذا بتسـمحي بكـرة أختـي (نبيلـة) بتجـي وبتصبّـح عليكـي، وشـو بـدّك بيصيـر ... يـالله تركتكـم بأمان الله».

غـادر أبـو حَسَـن بعدَمـا تـرك الجميـعَ فـي ذهـول. وبعـدَ سـماعِ صـوت إغـلاق البـاب وراءه ببُرهـةٍ نهـضَ أخـوا أمّ عدنـان معـاً فـي حركـةٍ انسـجاميَّةٍ ومشـيا نحـوَ بـاب الـدَّار بخطـواتٍ أثقلَتْهـا الحَيْـرَةُ، وكأنَّهمـا لـم يريـدا أنْ يُثيـرا أيَّ نقـاشٍ مـع أختهمـا حـولَ مـا حـدث منـذ لحظـات،

كأنَّهما أرادا ما حدث. في الواقع، هما يعلمان في قَرارةِ نَفسيهما أنَّ أمَّ عدنان ستتَّخِذُ القرارَ الذي يَصبوان إليه من غير أنْ يُحْسَبَ عليهما.

أمَّا أبو حَسَن الذي ترك البيتَ وطلبَه وراءه، فلم يكنْ يعلمُ أنَّه حملَ معه الشَّجَرَةَ المُحمَّلةَ بعبقِ الأزهارِ واللَّيْمُونِ والأوراقِ العقيقيَّةِ المُخْمَليَّة إلَّا عندما وضع رأسَه على فراشه لِيقضيَ ليلَه سُهداً وأملاً، إلى درجةِ أنَّه يخشى أنْ يتقلَّبَ على فراشِه خوفاً على ثوبِ العروسِ الحلوة الَّتي تستلقي إلى جانبه.

انتابَتْه حالةٌ من الهَذَيان لمْ يختبرْها من قبلُ، وتفجَّر في عروقِه دَفَقُ الصِّبا والشَّباب، واستعاد من غيرِ إرادةٍ منه كلَّ كَوَامِنَ المُراهقةِ الَّتي كَتَمها حُزناً في قلبه.

لم يكنْ أحدٌ يعلمُ أو يتصوَّرُ أنَّ أمَّ عدنان كانت تتابعُ الجلسةَ من خلف نافذتِها مُلتحِّفَةً بطرف السِّتارة، وأنَّ أُذُنَها لم تفارقْ أصواتَهم، وأنَّ حُزنَها لم يفارقْ الشَّجرةَ، وأنَّ عينَها لم تفارقْ وجهَ أبي حَسَن الصَّبوحَ وأناقتَه المعهودةَ، وهي أيضاً قضَتْ ليلتها تتقلَّب في فراشها وتفكِّر:

«إنَّه ما يزال في تألُّقِه، بل زادَتْ الخصالُ الفضِّية المبعثرةُ بين شعره من هَيْبَتِه، وجعلَتْ وجهَه يبدو أكثرَ جمالاً».

فهي لم ترَه منذ أنْ تزوَّجَتْ، حتَّى إنَّها لم تكن تمرُّ بجوار دكَّانِه احتراماً للتَّقاليد والأعراف، ولأهلها وزوجها، ودَرْءاً لألسنة الحاسدين، تذكَّرَتْ حياءَه وتأدُّبَه عندما كانت في عمر الثَّالثةَ عشرَ تخرج من مدرسة الحيِّ مع زميلاتها، فيَذْهَبْنَ إلى دُكَّانه متآمراتٍ عليه بغرضِ اختبار حيائه ومعرفة أيُّهُنَّ ستتمكَّنُ من تخجيله، وجعلِ

وجهه الأبيض يلتفحُ بحُمْرَةَ الخجل .... .

ابتسـمَتْ فـي نفسـها متذكِّـرةً يـوم اسـتطاعت أنْ تُحرِجَـه بسـؤالها عـن رائحـةٍ تَصْلُـحُ لِضفائرِهـا، وأخـرى لمريـولِ المدرسـة، وثالثـة لِكُتُبِهـا لِتسـتعملَها مجتمعـةً، فجعلَتْـه يَتَلَعْثَـم وهـو ينظـر إلـى ضفائرِهـا ومريولها، ثم يطلب أنْ تُرِيَه كُتُبَها لِيجتهدَ في إرضائها، فقالت له:

«شو من إيمتا في عطور للكتب هههههه». وضحك الجميع وانصرفوا ..

شجرة الليمون

٨

أُمُّ عَدْنَانَ تُفَكِّر

٨

أمُّ عَدْنَانَ تُفَكِّر

"فهِمْت شو بَدْهَا اللَّيْمُونَة"

بينما تقلِّب أمُّ عدنان رأسَها على المخدَّة كانت أيضاً تقلِّبُ أحداثَ اليوم في فِكرِها، فهي لا تعلم كيف غاصَتْ في خليطِ أفكارٍ يجمع الشَّجرةَ والمِنْدِيلَ ونظرات أبي حَسَن. والأغرب من ذلك أنَّ هذا الخليطَ أشعرَها براحةٍ غريبةٍ واسترخاءٍ مُثيرٍ لم تعرفْ رَوعَتَهُما من قبلُ. ولم تستيقظْ من شرودِها إلَّا وقد قاربَتِ السَّاعةُ الثامنةَ صباحاً ومالت الشَّمسُ لِتسرِّبَ أشعَّتَها إلى سريرها من النَّافذةِ الصَّغيرة عبرَ الفتحةِ بين شقَّي السِّتارة الحريريَّةِ المشغولةِ بخيوطٍ ذهبيَّةِ اللَّون مرصَّعَةٍ بأشعَّة الشَّمسِ، فقامَتْ فجأةً وهي تشعر بسعادةٍ عارمةٍ لم تحسَّ بها منذ وفاة أبي عدنان.

قامَتْ ممتلئةً بروحِ التَّحدي للظُّروف والصِّعاب الَّتي تَلْفَحُها كلَّ يوم، وكانت مصمِّمَةً على أنْ تمسكَ بزمامِ أمورها، وتعيدَ الأمورَ إلى نِصابِها.

لم تخرجْ من غرفتها، بل جلسَتْ وثبَّتَتْ وجهَها أمامَ صورةِ أبي عدنان المعلَّقةِ فوق سريرها. نظرَتْ إليه تحدِّثُه في صوتٍ هامسٍ كأنَّ الصورةَ ستجيب:

"ما كُنْت تقول لي بدي يّاكي قويّة مشان لا تنضامي[١] من

١- تنضامي: مِن تُضام، أيْ تُذَلُّ.

٢- السَّقف العجمي: نوع من الفن في بناء الأسقف الخشبية، ويتميّز بالألوان والزخارف الإسلامية من العصر المملوكي، ويستخدم كثيراً في البيوت الشَّاميَّة القديمة.

بعـدي؟ ... مـا كتبـت علـى السَّـقف العجمـي[1] فـي قاعـة الزّهـاز عبارة: بيتِك يا حبيبتي يزهو للأبد؟ ...»

أبـو عدنـان، أنـا عرِفـت وفهِمْـت شـو بَدْهَـا اللَّيْمُونـة تقـول لمّـا طَرْحـت حَملهَـا مـن اللَّيْمُـون، وكمـان لمّـا طَرْحـت وَرَقْهَـا، فـي موسـم خَلَـص. ... متـل مـا كُنْـت أنـت تقـول: (لـكل مقـام مقـال، ولـكل زمـان دولـة ورجال).

رح كون عند حُسْن ظنَّك وظنَّها ...

«أنت كنت أبو الأصول، وبالأصول كلشـي[2] راح يكون بمطرحه».

خرجَـتْ مـن غرفتهـا، وتداركَـتْ مـا فاتهـا مـن مهامِّهـا المنزليِّـة، وأعـدَّتِ المائـدةَ لِضيفتهـا وصديقـة طفولتهـا (نبيلـة) القادمـةِ لِتنقـلَ رسـالةً مـن أبي حَسَـن ولِتحملَ له الجواب ...

تزيَّنَـتْ أمُّ عدنـان، ولبسَـتْ أجمـلَ ثيابهـا، وأظهـرَتْ تألُّقَهـا وأناقتهـا، ثـمَّ صعدَتْ لِتُوقظَ عدنان من النوم...

«يـالله ميمـة، أوم الفطـور جاهـز، ولازم تتيسَّـر علـى رزقـك بكّيـر، ورح تصل الضّيفة بأي لحظة».

أدار عدنـانُ ظهـرَه مـن غيـر ردٍّ، وتابـع نومـه، فتناولـت أمُّ عدنـان كأسَ المـاء وبلَّلَـتْ يدهـا ومسـحَتْ وجهَـه لِيصحـوَ. فانتفـضَ، ولمّـا نظـر إليهـا صُعِق!

فهـو لـم يـرَ أمَّـه بهـذا التَّألـق منـذ زمـنٍ بعيـد، والأهـمُّ مـن أناقتهـا

١- السَّـقف العجمـي: نـوع مـن الفـن فـي بنـاء الأسـقف الخشـبية، ويتميّـز بالألـوان والزخـارف الإسـلامية مـن العصـر المملوكـي، ويسـتخدم كثيـراً فـي البيـوت الشّـاميَّة القديمـة.

٢- كلشـي: كل شيء.

التي لفتَتْ نظَرَه راعه إصرارُها على إلزامه بالقيام حتَّى باستخدام الماء! وهي الَّتي كانت دائماً منكسرةً ومنسحِبة من أيَّةِ مواجهة معه خشيةَ بأسِه وتسلُّطه الَّذي كان عليه.

قام وأحسَّ في قلبه رهبةً وخشيةً لم يألفها إلَّا أيَّام طفولته عندما كانت تفتِّش دفاترَه لِتجدَ أنَّه لم يُنجزِ الواجبَ المدرسيَّ، فتقوم بإرغامه على القيام معها لصلاة الصُّبح ليكمل ما قصَّر به، وفجأةً ومن دون مقدِّمات عاد طفلاً يخاف، بل يرتعد خوفاً ... لكن ما الذي تغيَّر؟

ما السِّرُّ، وما هذا التحوُّل الدّراميِّ؟

وقبل أنْ يُكمِلَ كانت قد سَحَبَتْ عنه الغطاء، ورشَّتْ للمرَّة الثَّانية وجهَه بالرَّذاذ، فانتفض طفلاً طائعاً.

خرج من باب المنزل وعلاماتُ الاستغراب قد وسَمَتْ كلَّ جزءٍ من نفسه.

أكملَتْ الأمُّ زينَتَها، وما إنْ أعادت علبةَ المكّي[1] إلى مكانها المُصَانِ حتّى قرعَتِ الضَّيفةُ المُنتظَرةُ البابَ، وما كادت تضع قدمَها في الرِّواق حتَّى قالت بإعجاب لا يَخفى:

«قمر ... لا والله بدر ... لا والله عروس بنت أربطعش[2] !! ... عفواً ما تواخذيني، لا كون غلطانة بالبيت! (قالتها وهي تدعَكُ عينيها الممتلئتين بالكُحل حتَّى أَتْلَفَتْ كُحْلَها من دون أنْ تنتبه) .. لك هادا إنتي أم عدنان؟! ... لا لا مو معقول!»

١- علبة المكّي: هي أدوات الزينة (المكياج).

٢- أربطعش: يعني العدد أربعة عشر(١٤). وهذا العدد يدلُّ على اليوم الرابع عشر من الشهر القمري الذي يكون فيه القمرُ بدراً، وعبارة بنت أربطعش: كناية عن جمال هذه البنت التي تشبه في حُسْنِها القمر وهو مكتمل (بدر).

أجابتها أمُّ عدنان مُبتسمةً: «تفضّلي .... تفضّلي .... يا مية أهلا وسهلا ومرحبا ..... لك نوّرتينا وشرّفتينا يا غالية، يا رفيقة العمر».

مضَتِ السّاعاتُ والصّديقتان غارقتان في استحضار أجمل ذكريات صِباهما. وطالت الجلسةُ وعينُ الصّديقةِ لم تغادر وجهَ أمِّ عدنان ولا صدرها و لا جيدها ولامشأتها(١) ، ولا مشية الغزلان الّتي سلبَتِ الضّيفةَ عقلَها منها بغُنْجِها ودلالها، فقالت:

«يا أم عدنان ... يعني عفواً ماتواخذيني الله يخليكي بس بدي أفهم شي الله يخليلك الغوالي».

قاطعتها مبتسمةً: «بعرف بعرف شو بدّك تسألي .... لا تستعجلي، كل شيء بوقتو حلو».

فازدادت الزّائرةُ حيْرَةً محدّثةً نفسَها:

«يوه! شو هاد ... إيه شو معها ملوك الجان عم يخدموها .. بسم الله ... بسم الله ... كش برّه وبعيد».

ثمَّ قدّمَتْ أمُّ عدنان المائدة الّتي لم تُبدعْ نساءُ الشّام نوعاً من الضّيافة إلّا ووضعَتْها عليها، وانبرَتْ إلى ضيفتها قائلةً:

«لقد حضرْتِ لتأخذي جوابي، وفي الحقيقةِ لقد قرّرْتُ عندما صحوْتُ من النّوم اليوم أنّي لن أوافقَ، ولن أُبدِّلَ أبا عدنان برجال الدُّنيا كلِّهم، ولكن جاءني هاتف بين نفسي وقلبي وروحي وعقلي أوحى إليَّ ألّا أُحرِّمَ ما أحلَّ الله!».

«كما أنَّ أغلبَ الصّحابيّات تزوّجْنَ أكثرَ من مرّة .. وصراحةً لا أعرف

١- مَشْأَتها: أي مشقَتها وتناسق جسمها، من القَوَامِ الممشوق.

ما الذي عزّز ثقتي بنفسي، فربّما إحساسي أنَّ المرأة من دون رجل ببيتها لا بيتَ لها، فتوكَّلْتُ على الله واستخرْتُه، وشرح ربِّي صدري لذلك، وأطلبُ من الله أنْ يُعليَ الأفراحَ في بيتنا وبيتكم، وبيوتِ حارتنا كلِّها».

عجزَتِ الضَّيفةُ عن إطلاق لسانها بالزَّغرودة، ولم تستغربْ، فنفسُها تقول لها:

«لك إيه أكيد .. كل شي غير شكل اليوم، إيه غير شكل».

فقامَتْ وقبَّلَتْها، وسارَتْ نحوَ الباب عساها تستيقظ من هذا الحُلُم، لكنَّ أمّ عدنان بادرَتْها قائلةً:

«حبيبتي ما سمعتي باقي الكلام».

توقَّفَتِ الضَّيفةُ من دون أنْ تديرَ وجهَها نحوَ أمّ عدنان التي قالَتْ لديَّ شرطان:

«الأول إنّو يوقّف أبو حَسَن مع عدنان لحين ينهي شراء بيت ويجهّزو ويزفّو لعروستو. والتّاني ما بنكتب الكتاب ولا بنعمل عرس إلّا ببيتي، وبيجي بيسكن عندي، والأهمّ هو اللَّيْمُونة».

- «اللَّيْمُونة ..؟؟!!» نطقتها نبيلة بنبرةِ الدهشة

- «إيه اللَّيْمُونة». ردَّتْ عليها أمُّ عدنان بصوت الواثق.

فاستدركت نبيلة: «وشو دَخَل اللَّيْمُونة بالجواز؟!! شو صايرلك أم عدنان ... بسم الله الرحمن الرَّحيم ... بَكِيْ شِي؟!!».

كانت أمُّ عدنان تفكّر:

«من المتعارفِ عليه أنَّ الزَّرعَ في المنزل يَفرحُ لفرح من يعتني به ويُلازمُه، ويحزن لِحزنه، وأنَّ هناك صلةَ وصل بينهما، وأنَّنا نتبادل المشاعرَ معه، فعندما نعتني بالشَّجَرِ ونسقيه ونكلِّمه ونسامره ونضحك معه ونقصُّ عليه أسرارَنا الخاصَّةَ الَّتي لا نَبثُّها لأحد، فربما نحن هنا نُشعره بحبِّنا وبغرامنا، وحين نحزن فقد نشكو للنَّبتة أوجاعَنا ونُبلِّل التُّربَة بالدُّموع، فتنمو دموعُنا فيها، إلى درجة أنَّ الزرعَ قد يموت حزناً على موت أحدِ أهل الدَّار، ونجد أيضاً أنَّ النَّبتةَ ترقص مَزهُوَّةً، وتَخضَرُّ حِلْيَتُها كالزمُّردِ للفرح الموجود بالبيت، وأنا أعتقد أنَّ المختارَ تحوَّل من مشترٍ إلى طالبِ قُربٍ، لأنَّه وجد اللَّيْمُونةَ أسقطَتْ حَمَلَها وأوراقَها، وهو يعلم ذلك الرَّابطَ بين الشَّجَرَةِ وبين مَن يعتني بها، فأراد بذلك إحياءَ حبِّه الذي كان، وبذلك يُحيي تلك الشَّجرةَ الحزينةَ الَّتي تعكس حزني على ذكرياتها وأيَّامها الَّتي يريد ولدي سَرِقَتَها منها بكثير من الأنانيَّة الَّتي تملأ قلبَه، فعرضَ أبو حَسَن الزَّواجَ حين جاء، فعسى ولعلَّ تلك الأوراقَ الذَّابلةَ أنْ تنتعشَ، وتعودَ كسابق عهدها جميلةً مُزهِرةً مُخْضَوضِرَةً، فيُفرِحَ أمَّ عدنان، وبهذا يكون قد حقَّق حُلُمَه القديم».

فأجابتها أمُّ عدنان: «أنتِ بس بلّغي المُختار بشروطي، وقولي له:

أم عدنان قالت اللَّيْمُونة كمان من الشُّروط وأولها)».

غادرَتِ الضَّيفةُ الدَّار وهي تُهَلْوِسُ وتردِّد في نفسها:

«لا حول ولا قوة إلَّا بالله، لك شو صايرلها هالمخلوقة ... الله يعين أخي أبو حَسَن».

عادَت نبيلة إلى أخيها أبي حَسَن، وهو في دكَّانه ينتظر أختَه بفارغ الصَّبر، ونقلَتْ له كلَّ ما شاهدَتْ وسمعَتْ وأحسَّتْ وواجهَتْ،

وقلبُـه يـكاد يصـلُ إلـى حلقِـه وهـو يسـمع جـواب محبوبتـه الجديـدة وحُلُمِـه القديـم، وعندمـا ذكـرَتْ لـه الشُّـروطَ، ووصلَـتْ إلـى شـرطِ الشَّـجَرَةِ كادَ قلبُـه يقفـزُ مـن صـدره، فاجأَتْـه الكلمـةُ وسـحبَتْه قسـراً إلـى أكثـرَ مـن خمـسٍ وثلاثيـن سـنةً إلـى الـوراء، زاغَـتْ عينـاه ... دار رأسُـه...... وأُغْمِيَ عليه.

فصاحـت نبيلـةُ خوفـاً علـى أخيهـا: «يِـهْ .. يِـهْ الحقونـي راح الزّلمـة»، فهـرع جميـعُ الجِـوارِ ملبّيـن نـداءَ اسـتغاثة نبيلـة، وأوَّلُهـم الحـلّاقُ أبـو شـادي لِيُنْعِشَـه بالنَّشادر، أبو حَسَـن واقفاً وقال:

«شكراً شـكراً يا جماعة ... ما في شـي... ما في شـي».

 ٩

يا سَعْدَك يا قَلْبِي

٩

يا سَعْدَك يا قَلْبِي

"صَبَرْت ونِلْت"

طلب أبو حَسَن من أخته نبيلة أنْ تصطحبَ معها بعضُ الصَّديقات والقريبات، وأنْ تتوجَّهَ إلى بيت أمِّ عدنان لمساعدتها في ترتيب حفلةٍ مسائيَّةٍ سيجهِّزُ لها حالاً.

وبعدَ خروجِها من عنده أقفلَ البابَ على نفسِه، وفتحَ خزنتَه الحديديَّةَ ومدَّ يدَه إلى صرَّةٍ صغيرة أخرجَ منها قارورةً صغيرة من عطر أزهار اللَّيْمُون المخلوطِ من عدَّة أنواعِ الحلو والحامض ...

فتحها ويدُه ترتجف .... اشتمَّ عبقَ العطر الفريد فيها، ووضعَ القارورةَ في جيبه، ثمَّ غادر مُسرِعاً مارًّا بدكاكين وجهاءِ الحارة يطلب منهم أنْ يجتمعوا في الجامع في صلاة المغرب، لأنَّه يريد أنْ يكلِّمهم في أمر مهمٍّ جدًّا. وأرسل خبراً إلى أخوة أمِّ عدنان وأبناء عمِّها، وإلى أقربائهم المشتركين، وأَعْلَمَهم بالموعد. وأرسل بالخبر إلى عدنان في مكان عمله، لكنَّ عدنان لم يصلْه الخبر، فصاحبُ العمل قال إنَّ عدنان لم يأتِ إلى عمله هذا اليوم.

أسرع أبو حَسَن بعد ذلك إلى بكداش[١] ، وطلب أفخرَ أنواع البوظة بالقشطةِ والفستقِ، بالإضافة إلى الزَّبادي الصِّينيَّة والمعالق الفِضَّة، وخَدْمَجِيَّة[٢] مُرَتَّبين، ومنه إلى محلِّ البَغَجَاتِي[٣] في بداية

١- بكداش: من أقدم محلّات الحلويات في الشَّام، وهو مختصّ بالبوظة الشَّاميَّة.

٢- خَدْمَجِيَّة: أيْ الخُدَّام، ومفردها خادم، وهو مَن يقوم بخدمة الضُّيوف.

٣- بَغَجَاتي: صنعة الحلواني.

شارع باب مصلّى[1]، ورتَّبَ لمائدةِ عشاءٍ مُمَيَّزة (غير شكل)، وحين فرغ من ذلك توجَّه إلى أبي صدِّيق الفَرَواتي لِيُرسِلَ مئةَ فَروةِ خاروفٍ ربيعي رضيع من أجل أنْ تُفرشَ في أرض دار العروس، وتابعَ إلى (سعدي التَّتَوْنَجِي) لِيُرْسِلَ الأراكيل والقهوة المُرَّة وما إلى ذلك.

خمسٌ وستون دقيقةً مَضَتْ، كان يعدُّها ثانيةً إثرَ ثانية، حتَّى وصل عائداً إلى داره لِيأخذَ لوازمَ الحمَّامِ، وليبلِّغَ أخاه نجيباً أنْ يذهبَ ويأتيَ بأولاد عمِّه، وليلحقوه إلى (أبي رفيق) الحمَّامي في حمام نور الدِّين الشَّهيد.

جميعُ من التقى بهم أصرُّوا على فكرةِ أنَّ الرَّجلَ مسحورٌ.

وقفَ مُنتفِضاً للمرَّةِ الأولى في إمامته للمُصلِّين في صلاة المغرب، وفوراً سلَّم مشيراً إلى انتهاء الصَّلاة، ثمَّ انبرى إلى المُصلِّين متحدِّثاً، ومُذكِّراً بفضل الزَّواج وستر الولايا، والاكتفاء بالحلال وأهميَّة عَمَارِ البيوت وإكثارِ ذُرِّيَّةِ سيِّدنا محمَّد عليه الصَّلاة والسَّلام ....، فاستوقَفَه أحدُهم قائلاً:

«لك مختارنا شغلت بالنا ... شو القِصَّة؟».

فطلبَ من الجميع التَّوجُّهَ إلى بيت أمِّ عدنان، لأنَّهم مَدْعُوُّون ليكونوا جاهةً له لِيعقدَ قِرَانَه عليها بعد صلاة العشاء مباشرةً، ولِيحتفلوا بعشاءٍ يجمع القلوبَ على خيرٍ وفرحٍ وحُبُور، فكبَّرَ الجميعُ وهلَّلُوا، بينما هرع إليه إخوتُها سائلين مُستغرِبين مستهجنين:

---

[1]- شارع باب مصلَّى: شارع يؤدي إلى ساحة باب المصلَّى، وهي ساحة من ساحاتِ دمشق، تقع في حيِّ الميدان التحتاني خارج أسوار مدينة دمشق القديمة. وفيه جامع باب مصلَّى كناية عن مصلَّى العيد.

«هل وافقَتْ؟!»

«كيف صار هيك؟! ما بصير بهالسرعة؟!!»

فسَحَبَهم قائلاً:

«يلّا ... شو بدكم تعيدو الماضي، وتعَصِلْجُوا[١] الأمور متل أبوكم الله يرحمه لمّا رفضني أوّل مرّة تقدّمتلها!».

بعدَ صلاةِ العشاء سار الجميعُ، ودخلوا بعد أنْ فتحَتْ لهم أمُّ عدنان، لأنَّ عدنانَ لم يصلْ بعدُ، وكانت كلُّ ترتيباتِ الحفلةِ جاهزةً، وبعدَ أنْ دخلَ الجميعُ وتحدَّثَ الوجهاءُ بصفات العائلتين والعريس والعروس توجَّهُوا إلى أخوةِ أمِّ عدنان طالبينَ القبول، وطلبَ المأذونُ أنْ يسمعَ موافقةَ «أمِّ عدنان»، فأجابَه أخوها أنا وَكِيْلُها، فردَّ عليه الشَّيخ بأنَّها لا تحتاجُ إلى وكيل لأنَّ الشَّرع أجازَ للثَّيِّبِ أنْ تمتلكَ قرارَها.

توجَّه الشَّيخُ المأذون إلى الغرفة التي تمكث فيها أمُّ عدنان مع نبيلة وبعضِ النِّساء، وسألها عن رأيها: وهنا قالت: «أنا موافقة شيخنا، وبنكتب كتابنا، بس شرطي أنو مابيدخل ولا بنعمل عرس إلّا أوَّل الرَّبيع واللَّيْمُونة تزهّر، وإذا ما زهَّرِتْ فكلشي بيرجع متل أوّل».

أجابَها قائلاً: «يا أختي، خَيْرُ البرِّ عاجلُه، وهذا شرطٌ عجيب».

ردَّتْ عليه: «اسأل العريس».

أومأ المأذونُ إلى أبي حَسَن مُستدعِياً إيّاه وسطَ استغرابِ الجميع، وسأله فردَّ عليه أبو حَسَن: «بتسمحلي إحكي معها؟».

١- تعَصِلْجُوا الأمور: أيْ تختلقون المشاكل والصُّعوبات أمامها لإفشال حدوثها.

وبعد أنْ وافقَ المأذونُ، قال لها أبو حَسَن من خلفِ الباب: «تاج راسي، مُدّي إيدك من فضلك».

استغربَ المأذونُ، وفَغَرَ فاهُ عندما رأى يدَها امتدَّت، وشاهدَ العريسَ يضعُ زجاجةَ عطرٍ بيدها!

صاحَتْ مُنْبَهِرَةً: «معقول؟! منين جبتها ... منين؟!!»

صَمَتَ ثمَّ أجابَها:

«يلّي غرس اللَّيْمُونة، ويلّي بيتفانى ليكسب رضاكي ما بيتخلّى عن وعده، بوعدِك يا تاج راسي إذا توكّلتي على الله ووافقْتِي أنّو إرعاها ورجّعها أحسن ممّا كانت».

أجابَتْه وصوتُها يَشِي بتنهُّدٍ ولهيبِ شَوْقٍ إلى لقاءٍ بالحبيب الأوَّل:

«مسدئتك ... مسدئتك[١]».

فردَّ عليها:

«عيوني إلك... عمري إلك... روحي إلك .... كلّي إلك ... أنا حبّي إلك نابع من عمق روحي ... من شرش عقلي ... من صماصيم قلبي يا روح روحي».

صاحَ المأذونُ:

«يا جماعة ما بيجوز لك شو صايرلكم؟! كأني عم جوّز ولاد! لك شو هاد مختار!! عيب ... عيب!!»

١- مسدئتك: مصدّقتك، أيْ أُصدِّقُك.

فالتفَتَ إليه المختارُ، وقبَّلَ رأسَه قائلاً: «سامحني الله يجبر بخاطرك سيدي».

بارك الجميعُ للمختارِ وأهلِ العروس أمِّ عدنان، كلُّ هذا وعدنانُ غائبٌ عن هذه الأفراح المستعجلة، لأنَّه لم يذهبْ إلى عمله اليوم، ولم يَصِلْه الخبرُ بعدُ.

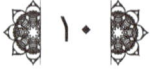

١٠

زَهَّرْ اللَّيْمُون

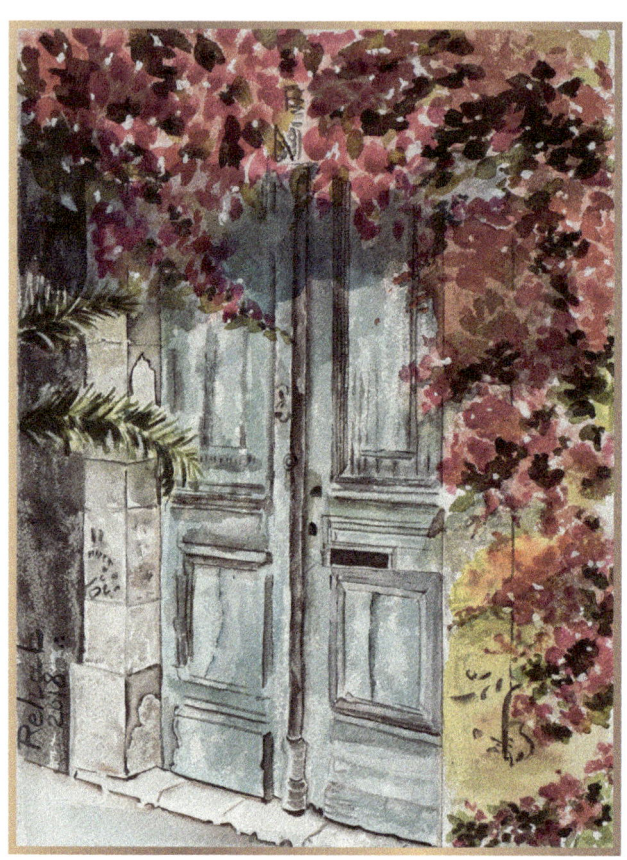

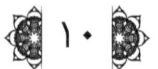

١٠

زَهْرُ اللَّيْمُون

"ولِـكُـلٍّ مـا تَـمَـنَّـى"

كانَ عدنانُ هائماً طوال اليوم بين الأسواق والأزقَّةِ يراجع نفسَه، وما آلَتْ إليه رُجوليَّتُه، فمِنَ المؤسفِ أنْه قد أغرَّه حبُّ الخطيبةِ والجاهِ، ووصلَتْ به الأمور إلى درجة قلَّةِ الأخلاق اتَّجاه أمِّه. ولكنَّ تَتابُع الأحداثِ مُؤخَّراً والتي وصلَتْ إلى ذروتِها منذ صباحِ اليومِ أيقظَ في داخله إحساسَ الطِّفل الفاقدِ لشيءٍ عزيزٍ عليه.

وحين وصلَ عدنانُ إلى البيتِ مُضْنَى العقلِ والقدمين بعدَ تَسَكُّعٍ فكريٍّ طويل في حارات الجامع الأُمَويِّ، تلقَّى أعظمَ صَدْمةٍ لم يتلقَّ مثلَها في حياته إلَّا صدمةَ وفاة أبيه.

لقد دخلَ البيتَ وسط جَمْعٍ غفيرٍ من المُهنِّئين، فبادرَ الجميعُ إليه مباركين له فرحتَه وفرحةَ أمِّه. لكنَّه انفجرَ ببكاءٍ مريرٍ لم يَبْكِهِ من قبلُ إلَّا يومَ وفاة أبيه، بكاءٍ يؤجِّجُه مزيجٌ من الدَّهشةِ والغضبِ والنَّدم والغَبْنِ، ومشاعرَ أخرى لم يكن لِيعلمَ كُنْهَها في تلك اللَّحظةِ. سُقِطَ في يده، وانتابه شعورٌ عميقٌ باليُتْمِ والخسارةِ للمرَّةِ الثَّانية في حياته، وفجأةً تساءل مُستغرِباً بينه وبين نفسه:

«ألمْ تكنْ تلكَ أمنيتَك وحُلُمَ استقلالِك ورغبةَ حَمَاتك؟!».

وكما وعد المختارُ أبو حَسَن وفى بالشرط الأول ...

وقَفَ مع عدنانَ إلى أنْ أنهى شراءَ بيتٍ وجهَّزه. والأحلى أنَّ البيتَ الذي اشتراه كان مجاوراً لبيت أمِّ عدنان. وقامت الأفراحُ، وزفُّوا إلى

عدنانَ عروستَه.

وكان لعدنانَ ما تمنّى!

انتقلَ أبو حَسَن وسَكَنَ مع أمِّ عدنان، "بس ... الشّرط إنّه ما في حفلة عرس ولا دَخلة(١) إلّا لما اللَّيْمُونة تزّهر".

ودارَتِ الأيّامُ، وكلٌّ واحدٍ ينام في غرفةٍ لوحده، وأمُّ عدنانَ تَعْتَني باللَّيْمُونَةِ حتّى غادرَ الشِّتاءُ مُتهادِياً، وجاء الرَّبيعُ واشتدَّ عودُ اللَّيْمُونَةِ، وأنبتَتَ براعمَ صغيرةً ما لبِثَتْ أنْ انتعشَتْ ثمَّ أزهرَتْ واشتدَّ عبيرُها وهنا صارَ وقتُ الوفاء بالشَّرطِ.

قامت الأفراحُ وصارَتْ حفلةُ العرسِ في أوّل الرَّبيعِ، وَدَعَتْ أمُّ عدنانَ أبا حَسَن إلى غرفتها لتبدأ حياتُهما الزّوجيَّةُ.

ما إنْ دخلَ أبو حَسَن الغرفةَ حتّى غمرَتْه لِصدرِها بحنانِ خمسٍ وثلاثين سنةً مفقودةٍ ... وكان لأمِّ عدنان مَا تَمَنَّتْ، ولكنْ ...

أمُّ عدنان في قرارة نفسِها لمْ تسامِحْه لأنّه لم يَبُحْ لها من أين أتى بقارورةِ عطرِ اللَّيْمُونِ الخَاصَّةِ بها عندما كانَتْ فتاةً من فتياتِ الحيِّ تزورُه لِيمزجَ لها الرَّوائحَ الجميلةَ...

ولكنّها لمْ تعلمْ أبداً أنَّ القارورةَ هي النُّسْخَةُ الإضافيَّةُ الّتي جَهَّزَها لها منذُ أنْ كانَتْ صغيرةً حين طلبَتْ منه عطراً خاصّاً، لكي يفاجئَها بهذه الزُّجاجة وهذه الرَّائحةِ الفريدةِ عندما تعود لتشتريَ منه مرَّةً أخرى!

أمَّا اللَّيْمُونَةُ فهو الّذي غَرَسَها في أرض الدّار، لأنَّ المنزلَ كان مُلكاً

١- الدَّخلة: ليلة بناء الرَّجل بزوجته.

لعائلتـه وترعـرع فيـه، ولكـنَّ أبـا عدنـانَ اشـتراه منهـم عندمـا أراد الزَّواج، وكانت أمُّ عدنانَ تعلمُ أنَّ اللَّيْمُونَةَ مِن غرس أبي حَسَـن!

أمَّـا علاقتُهمـا فكانـت حَيِيَّـةً بريئـةً يَلُفُّهـا طُهْـرُ تلـك الأيَّـامِ حيـن بـدأ ينظـر إليهـا نظـرات الإعجـابِ بهـا فـي البدايـة، ثـمَّ صـار يُلمـح إلـى حبِّـه وغرامـه بهـا حيـن يشـرح لهـا عـن أنـواع العطـور والطِّيـوب، وصفـات الـورود التـي تدخـل فـي تحضيرهـا، وذلـك بينمـا يضـع لهـا فـي كيـسِ الـورقِ مـا كانـت تشـتريه مـن العطـور، إلـى أنْ طلبَهـا للـزَّواج، لكـنَّ والدَها رَفَضَه بسبب مشكلة بين العائلتين.

لكنَّهـا علـى الرَّغـم مـن ذلـك بقيَـتْ تكتـبُ لـه الرَّسـائلَ وترميهـا علـى الأرضِ عند مرورِها من عنده في غفلةٍ من رفيقاتها لِـيَـتَـلَـقَّـفَها.

ودارَتِ الأيَّام، وعادَ أبو حَسَـن إلى منزلِه، وشَجَرَتِه وحُبِّه...
وكانَ لأبي حَسَـن مَا تَمَنَّى، ولو بَعْدَ حين.

تَمَّتْ

في الخِتَام كَلِمَة

أحداثُ هذه القِصَّةِ تَمَّتْ بين عام ١٩٤٠م وعام ١٩٧٨م حين توفِّي أبو حَسَن، ولا تزال دكَّانُه موجودةً في حيِّ القَيْمَرِيَّة، وكذلك البيت أيضاً. وأبو حَسَن كان مختارَ الحارةِ حتَّى عام ١٩٦٥م.

جميعُ الشَّخصيَّاتِ، والأسماءِ والأحداثِ واقعيةٌ، ورُوِيَتْ كما حَدَثَتْ على أفواه مَن عاصرَها. فهذه القِصَّةُ أَعْلَمَنا بأحداثِها الرَّئيسةِ المختارُ بنفسه خلالَ جلسةِ نصفِ ساعةٍ من الحنينِ إلى الماضي. والفضولُ جعلَني أبحثُ عن كلِّ مَن أمكنَ الوصولُ إليه خلالَ الأربعين سنةً الماضية لأجمعَ التَّفاصيلَ النَّاقِصَةَ.

ولكنَّ حديثاً مع صديقةٍ لي كان سبباً في إعادةِ القِصَّةِ إلى سطحِ الذَّاكرةِ حين قالَتْ لي:

«عندي فضول أعرف كلّ شي بالتَّفصيل، لأنّ القصص الشَّاميَّة القديمة بتلاقي فيها أصالة، وحبّ للأرض وسكانها، وبنشمّ من خلالها عَبَق الشَّام القديمة وساكنيها»

وكانَ لا بُدَّ من مشاركة هذه القِصَّةِ لِيحيَى الحُبُّ.

سقى اللّهُ(١) تلكَ الأيّام، ورَحِمَكَ المولى يا أبا حَسَن، فقد عَلَّمْتَنِي معنى الرِّقَّةِ والأناقةِ والغرامِ. لقد كنْتَ حَقّاً مختاراً استثنائيًّا.

وكلّ موروثٍ وأنتم بخير.

تَمَّتْ

الحاجُّ البُروفِّيسور

حسّان الحمويّ

١- سقى الله: هي عبارة في اللُّغة العربيّة تفيد الدُّعاء بالخير والجمال وتستخدم لذكريات جميلة ، بما أن المطر والسحاب والسقيا في الصحراء من أعز ما يربط به الشاعر ذكرياته الجميلة ويقرنها بعضها ببعض لقد كانت مفردة «السقيا» حاضرة في كثير من قصائد شعرائنا.

www.ingramcontent.com/pod-product-compliance
Ingram Content Group UK Ltd.
Pitfield, Milton Keynes, MK11 3LW, UK
UKHW061222180426
11947UKWH00026B/1963

9 781761 240645